図解でわかる

# スマート工場のつくり方

城西コンサルタントグループ
**神谷俊彦** 編著／**清水仁司・片岡英明** 著

アニモ出版

# はじめに

　ものづくり企業（中小製造工場）が求めるものは何か？

　経営者にアンケートをとると、いろいろな意見が出るのですが、コロナ禍であろうがなかろうが、「売上拡大」と「人材確保」は不動の悩みといえます。どんなときであろうと、お客様に喜んでもらえるものを提供し続けたいという願いがあるのです。

　われわれコンサルタントが問われているのは、こういった普遍的な悩みに回答することです。

　単刀直入にいうと、その回答の基本は「**スマート化**」（デジタル対応）にあります。

　スマート化の本質は、「**顧客とのコミュニケーションの実現**」です。このコミュニケーションという言葉は、これまでも使い古されており、取り立てて目新しくないように思われます。

　しかし最近になって、『ものづくり白書』などでいろいろと発信されている「**DX**」（デジタルトランスフォーメーション）の主要課題の1つに当たります。

　町工場にも決して無縁な話ではありません。自社製品を拡販するためにはさまざまな手段があるのですが、町工場の経営者がもっとも活用していない分野が情報活用であり、DX化はいわば直球の課題なのです（DX＝IT活用、デジタル対応をも含有します）。

　本書では、現状の打破に苦しむ中小規模の工場が生き延びるため

に、「スマート工場化」によって、お客様とのコミュニケーションをより密にして、現状の把握や工場の未来について語れるしくみを構築することを提案しています。

　もちろん、コミュニケーションが成立するためには、ものづくり現場がついていかなければいけません。

　スマート化といっても、決してＤＸだけをメインとせずに、泥臭い汗を流した方法も含めて提案します。
いまは工場の経営者にとって、スマート工場などほぼ関心の外にあり、自社には関係ないと思われています。でも、本書を読んだ経営者やコンサルタントの方たちには、「スマート工場」はハードルの高いものではなく、**自分たちも取り組める**、と感じてもらいたいと思います。

　本書でそのヒントを獲得してもらい、すぐにでも未来に向けて動けると感じてもらえる内容にしたつもりです。
　経営者のみならず、現場の皆さまの仕事に役立つヒントとなれば、さらに私たち執筆者の喜びになります。

2021年11月　　　　　　　　執筆者を代表して　神谷　俊彦

図解でわかるスマート工場のつくり方

# もくじ

はじめに

## 1章 町工場の現状とこれからの課題

# 2章 「スマート町工場」にシフトしよう！

# 3章 自社の「スマート度」を計測しよう

# 4章 市場ニーズと需要に応える町工場をつくろう！

# 5章 DXを活用して "スマート生産管理" を構築する

# 6章 スマート工場のための事業計画

カバーデザイン◎水野敬一
本文ＤＴＰ＆図版◎伊藤加寿美（一企画）

# 町工場の現状と
# これからの課題

Smart Factory

執筆 ◎ 神谷　俊彦

# 1-1
# ものづくりの現状はどうなっている？

## コロナ禍と製造業への影響

　2020年から2021年にかけてのコロナ感染により世界各国の製造業は混乱を重ね、日本のものづくりにも大きなダメージを与えました。本書では、その影響も踏まえて、変化に対応できる新しい製造業の基盤をつくるヒントを解説していきます。

　まず、何といっても注文が止まったと嘆く企業は多くありますし、サプライチェーンは停止し、人々の働き方が変わり、お客様のニーズも変わったために、コロナ騒動が終焉しても、以前と同じような仕事ができると考えている経営者は1人もいないはずです。

　コロナウイルスの世界的な感染拡大は、自然災害のような局所的被害ではなく、世界全体に予測不可能な形で被害をもたらしました。しかし、わが国製造業のサプライチェーンのリスクとなる「不確実性」については、第2次世界大戦以降さまざまな形で浮かんでは、大きなうねりとなり、工場に直接的な影響を及ぼしてきています。

　重要なのは「不確実性」の存在と工場の具体的な基盤づくりとの関係です。

## 工場を取り巻く課題は多い

　その観点からはあまり具体的に議論されてきませんでしたが、よく考えてみると工場を取り巻く課題は多く存在します。

　何事においても課題を決めるためには、「環境分析⇒具体目標設定⇒課題発掘⇒テーマ選定⇒実行」で構造強化を図るという流れが一般的です。そして、マクロ的なPEST分析（＊）から入っていくのはよく使われる手法です。ただしマクロ的な分析は、中小製造業には異次元の世界で、ミクロな経済環境分析のほうが優先度の高

## ◎製造業に繰り返し発生する大きなうねり◎

### サプライチェーンが止まる影響

人の動きが世界一斉に止まり、物流も世界一斉に止まり、工場で人が働けなくなるという事態が発生した！

（コロナの教訓：何が起こったのか？）

### 工場に対応策はあるのか？

世界で起きる出来事の不確実性と工場のあり方の問題

### 「1つのバスケットにすべての卵を入れるな」

いままでも未曽有の危機はあった

⇒ 顧客からの注文がピタッと止まった

リーマンショックや半導体不況が襲った嵐に、工場はどのように対応したか？

⇒ もだえ苦しんだ先人の教えや経験を大切に！

そして結局は、「リスク分散をしなさい」という教訓になる。

---

い分析です。世界的な経済環境よりも、自社の顧客や地域の動きが工場にはより重要であるということです。

（＊）ＰＥＳＴ分析とは、政治、経済、社会、技術の４つの観点からマクロ環境（外部環境）を分析するフレームワークのこと。

　この中小製造業にとっての大きな課題をどのように考えて、どのように対応するべきかが、ものづくり企業にとって重要な課題であることは改めていう必要もないでしょう。そして、スマート工場の基本テーマでもあります。読者の皆さんと同じ目線で解決策を探り、1つでも多くのヒントを提示したいと考えます。

# 1-2

## ものづくりを取り巻く世界の潮流

### SCMが崩壊して気づいたこと

コロナ禍による大きなうねりに直面した中小企業の"ナマの声"はさまざまです。「引合いが減少していることに加え、鉄・銅などの原材料価格も高騰している」（製造業・金属、非金属切削加工）、「過去1年の間に、ＥＣ販売強化、海外市場への非対面販売を拡大することができ、減少する売上を補填できた」（小売業・宝飾品）など、大きな経済のうねりが発生すれば、そのたびに企業が影響を受けるのは当然といえます。

とはいうものの、新型コロナウイルス感染症は世界全体に予測不可能な形で被害をもたらした点で大きな影響が出ました。サプライチェーンの基盤を支えているもの（人、生産、物流）すべてが同時にストップしました。

経済が、**人の行き来を前提にしている**以上、工場はあっても、原材料はあっても、人が行き来できないとこうなるのか！　という当たり前の事実に、いまさらながら衝撃を受けたわけです。

しかも、いまどこで何が起こっているのか不明で、**情報の面でも大混乱**をきたしました。意図的に情報を流さない国もありますし、不安感がより企業マインドに影響を与えました。

工場に材料が届かなかったら、従業員が出社できなくなったら、どうすればよいのか？　といった課題が、新たな危機管理のテーマとして浮上したということです。

情報の重要さは増していくばかりで、小さな工場でもサプライチェーン全体を可視化したうえでの生産活動が必要となり、危機の内容にかかわらず、残されたリソースでの事業継続を模索することが、今後の企業体質改善に必要になっています。

## ◎サプライチェーンのリスクは工場の新たな危機管理のテーマ◎

> **国は危機感を抱き、重要産業としてあげた5分野で強化をしていくことを決定**
>
> 　企業の競争に任せて海外にあらゆるものを依存していった結果、気づいたら海外に頭を下げないとマスク1つ譲ってもらえない国になっていた…

### 【エネルギー問題をはじめとする国の重要施策5分野】

| | |
|---|---|
| エネルギー | ●自然災害等に起因する大規模停電リスク<br>●さまざまな資源を海外に依存（エネルギー資源、レアアースなど） |
| 情報通信 | ●サイバーセキュリティ対策の強化<br>●いつの間にか海外におかれているデータ管理の方策 |
| 交通・海上物流 | ●国内外での備蓄・リサイクルの強化<br>●空港・港湾・道路・鉄道など大動脈の維持 |
| 金融 | ●金融（決済や通貨管理）機能の安全確保<br>●デジタル通貨の検討 |
| 医療 | ●国民の健康にかかわるような医療機器や医薬品などは国内に確保 |

> こうした安全保障の分野だけの理由ではなく、
> すでに、ものづくりの国内回帰は始まっている
>
> **こういう動きを下支えできるのは「町工場」だけ！**

　ＳＣＭ（サプライチェーンマネジメント）が崩壊して気がついたら、日本ではマスクがつくれないことがわかり、ついには経済安全保障担当大臣のポストまでつくられました。

　ものづくり日本への回帰は、ものづくりの方向性を決める1つの重要な出来事ではありますが、こういった危機管理による売上・利益に対する影響は一時的なものにとどまります。

　そこで本書では、中小製造業に焦点をあてて、これから生きる道を見つけることを本質的な課題としていきます。

# 1-3

# 小規模事業者の現状分析と
# ３つの課題

## 🏭 製造業の「ニューノーマル」とは

コロナ禍によるサプライチェーンの未曽有の分断問題は、工場の未来に対しても大きな警鐘を鳴らし、経営者を恐怖のどん底に叩きこんだといってもいいでしょう。

この事象を教訓にしたときに、「『**製造業のニューノーマル**』は、**レジリエンス・グリーン・デジタルを主軸に展開される**」と、『ものづくり白書』に明記されました。簡単にいえば、レジリエンスは「サプライチェーンの強靭化」、グリーンは「カーボンニュートラル中心」、デジタルについては「ＤＸ対応」と、具体的なテーマも示されています。

「レジリエンス」は、経済用語としてはあまり聞きなれない言葉ですが、もとは心理分析の専門用語で、「柔軟性」を示唆する言葉です。すなわち「変化に柔軟であれ」ということをいわんとしていることになります。

「グリーン」や「デジタル」がカギになることは、説明はいらないでしょう。「ニューノーマル」というほど、新しい概念ではありません。実際のところ、特に白書に示されなくても、製造業はすでにその方向に舵をきっています。

政府は、このような観点でわが国製造業の生き残り戦略に資する動向を分析して、企業の成長を後押しする考えです。

町工場にとって重視すべき方向は、この後押しを受けて柔軟に動けばいいということです。特に、この分野での競争力のカギを握る半導体や蓄電池、カーボンニュートラル、川上のマテリアルに関するサプライチェーンの構築・強靭化は、リスク対策の重要課題として精緻に把握し、行動することも必要となるでしょう。

## ◎製造業の体質強化のための３つの課題◎

| 体質強化の観点 | 経営課題 | 解決策 |
|---|---|---|
| レジリエンス | 柔軟に変化 | ●顧客と製品構成の見直し<br>●変化に強い生産体制の実現 |
| グリーン | カーボンニュートラル中心 | ●自社の排出をゼロに？<br>●顧客のゼロ化を助ける |
| デジタル化 | ＤＸ対応（革新） | ●顧客との対話<br>●デジタルツイン |

―――【カーボンニュートラルって何？】―――
2050年までに、温室効果ガスの排出を全体としてゼロにすること。
2050年にカーボンニュートラル、脱炭素社会の実現をめざすこと
を日本政府が宣言した。

―――【ＤＸ革命って何？】―――
ＤＸ（デジタルトランスフォーメーション）はさまざまな観点から
叫ばれているが、簡単にいえばデジタル化（ＩＴ化）と同義。本書
では現場の動きもあわせて「スマート化」としている。
（アニモ出版『図解でわかるＤＸ いちばん最初に読む本』参照）

## ＤＸ革命の本質は、人類が過去から追いかけてきた「情報革命」と何ら変わることはない！

　ただし、町工場が「レジリエンス」「グリーン」「デジタル」の３
つの課題に取り組む前提として考えるべきは、「少品種大量生産の
時代」はもう来ないということです。

　経営者は、そんなことは十分に理解しているはずですが、では今
日からレジリエンスのために何をすればいいのかが問題なのです。

　１つの回答は、発注先の何らかの企画・開発に関与することです。
特に、研究開発拠点が多い首都圏内では目立ちますが、地方の工場
も事情は変わりません。顧客とのつながり方が以前とは変わってき
ており、新しい発想や行動に取り組もうという姿勢が大切です。

# 1-4

## 課題を克服して流れをつくる

### ■ 未曽有の変化でさえも好機ととらえる

　前項で説明した３つの課題を克服するのが工場の課題ですが、その前提として、それらを包含する構造改革の目的が必要となります。

　３つの課題を克服するという目標をあえて掲げなくても、日本の中小企業は「未曽有の変化でさえも好機」ととらえて行動しています。すべての企業が落ち込んでいるわけではありません。いや、全企業が生き残りをかけて前進しようとしています。そして、成功している企業も少数派ですが存在しています。

　われわれが企業を回っていると、痛手は受けたが新しい仕事でなんとかつなげているという経営者が意外と多くいます。こういった対応ができている経営者の大いなる努力は感じられますが、顧客ニーズのとらえ方に柔軟さがあり、かねてから新規顧客開拓に取り組んでおかないと、なかなかできる芸当ではありません。

　『ものづくり白書』では、そのことを「**ダイナミックケイパビリティ論**」を使って提唱しています。この理論は、簡単にいえば「環境の変化に対応して、組織内外の経営資源を再結合・再構成する経営者や組織の能力」とされています。まさに混沌の時代にふさわしい、３つの課題のもとになる考え方です。

　現在の変化を冷静に分析すると、感染症流行により消費者の意識・行動が変化し、地元での消費やオンラインショッピングの利用などが増加して、さまざまなシーンでオンラインを通した活動が現われてきています。

　また、工場にも出勤しにくくなり、少なくとも密になることを避ける職場環境づくりは必須事項です。ものづくり面からみると、感染症流行の終焉後も自社製品の需要が戻ることはないと判断し、工

### ◎「未曽有の変化でさえも好機」ととらえて行動できるか◎

典型的な事例としては「ドアノブ 触らない グッズ」が知られている。現在500種類以上販売されているが、さまざまなアイデアが工夫され、町工場発のヒット商品も出ており、マスク、フェイスシールド、アクリルパーテション、医療用ガウン、空気清浄機、消毒液など、かなりの数の感染対策グッズが短期間のうちに町工場発で販売されている。

いざとなればこれだけの力を出せるのが「町工場」。この力を信じれば、どんなときにでも「好機」は存在し、現実に好機をものにできている企業があるということ。一時的には500円のマスクが100万枚以上売れたのだから、仕事のないときにはありがたい収入になる。

いいたいことは、「マスクをつくろう」ということではなく、「変化をとらえよう」ということで、つまりは、

### 「どうすれば変化をとらえることができるのか」

ということ。変化に対応できなかったため、1年で解体された有名大企業もある。ましてや中小企業ではそのような危機が起こらないはずはない…

場や製品の縮小計画を前倒しして、独自のサプライチェーンを活用して内向き需要に根ざした新商品の企画開発に取り組み、従業員を解雇することなく、いまできる新たなことに次々と挑戦しています。

このように「ダイナミックケイパビリティ」を備え、働き方を変えてリモートワークや3密を避ける対応ができた企業の生き方は、白書や雑誌などにも紹介されているので参考にするとよいでしょう。

# 変化に対応できる町工場

## 町工場はどこを攻めたらよいのか

　前項で紹介したような成功事例はみられても、十分に対応できなかった企業のほうが多いのも現実です。だからといって、こういう会社を「ダイナミックケイパビリティ」のない会社と簡単に分類することはできません。

　実際のところ、新しいジャンルに挑戦した町工場はたくさんあります。その証拠に、2020年のコロナ禍の段階でも設備投資を実行した小規模事業者は全事業者の80％も存在し、大半が「設備の維持管理・補修」でしたが、それ以外の目的として40％は「生産性向上」、20％が「新製品・新サービス開発・新分野への進出」、20％が空調設備の強化など「新型コロナウイルス感染防止対策」にのぼっており、維持管理にとどまってはいません。

　しかし、転身に成功したといえる会社は少数派にとどまります。実は町工場には、いわれなくても本質的に大工場よりもダイナミックケイパビリティを備えています。もともと企業自体が、資源や構造を組み換えるというほど複雑な形態ではありません。

　現状にとどまるわけにはいかないとして、どこを攻めるのか方向性が定まらないというのが経営者の本音です。本書では、町工場にいわゆる大企業向けの「ダイナミックケイパビリティ」論を適用するよりも、**よりシンプルな形で将来性を見つけること**を重視します。

　そもそも１個あたり10銭とか１円の利益で勝負している町工場にとっては、多品種少量生産の時代に儲けにつながる製品を新たに見つけるのは容易ではありません。白書や雑誌などでは、経営改善、収益改善のポイントを、「職場の活性化」「資金調達」「デジタル化」「Ｍ＆Ａ・企業連携」などにおいていることが目立っていますが、

## ◎町工場の重要課題を克服するには◎

「足元をしっかり固めてから攻めていく」のではなく、「利益の取れる仕事を獲得して内部体制を確立する」（足元を固める＝職場の活性化や人材育成など）順番で！

### 【利益の取れる仕事を獲得する２つのテーマ】

> **①正確に経営判断する**
> 事実を正確に素早く把握し、具体的対策を立てること。事実とは、第一に顧客ニーズを指し、「顧客とのコミュニケーション」を確立する。正しい事実を獲得して、課題を見出し、具体策を立てる。

> **②果敢に動ける体制をつくる**
> 立てた具体策を確実に実行するために機敏に動けるか？
> ⇒本書でのテーマとなる「柔軟な生産体制」を確立する

| ２つの課題の具体策 | 正確な経営判断 | 柔軟な生産体制 |
|---|---|---|
| 事実を正確に | ＤＸ化でノウハウ蓄積 | ＩｏＴ化で情報蓄積 |
| 情報をリアルタイムで把握 | ＤＸ化で情報共有 | ＩｏＴ化で情報共有 |
| デシジョンを下す | 自社のデータで判断 | 自社のデータで判断 |
| 素早く果敢に行動 | ＤＸ化で情報共有 | ＤＸ化で情報共有 |

> ## ＤＸを本格的に実現する「スマート対応」を！

経営の方向性が固まらない企業には、どれも改革のメインテーマにはなりません。町工場の課題は、職場を活性化してから利益の取れる仕事を取ってくるのではなく、利益の取れる仕事を獲得してから内部体制を確立するのが順番です。

　いい仕事を取ろうとするには大前提があり、「顧客とのコミュニケーション」が成立していることが必須です。ものづくり企業のデータを見ても、重要顧客としっかりとしたコミュニケーションが取れていると回答した企業は50％以下ですが、実態はさらに少ないのではないかと推察します。変化への対応には、**コミュニケーションを活性化する具体策**が必要なのです。

# 1-6

# 戦略思考で伸びる町工場とは

## いい戦略を立てても結果に結びつかないのはなぜか

　1−4項で述べた成功している企業の特徴を整理すると、**戦略的思考がカギになる**とわかってきます。何事にも成功は一朝一夕には獲得できないので、おおむね3〜5年計画で勝ち取っていくという考え方です。

　新しい試みは、1年目に試してみて、2年目で確信して、3年目で利益を生む状態にもっていくのが基本パターンです。もちろん、可能であればさらに5〜10年のスパンで考えるのもいいでしょう。

　戦略立案（町工場も含む）というと、自社の強み・弱みを整理してから、市場のニーズをとらえて展開するというような「クロスSWOT」的な発想で進める人が多くいます。事業再構築補助金のガイドラインも、これに沿った説明を採用している定番的な手法です。

　**SWOT分析**は、考案されてから50年以上たつ実績あるフレームワークで、使い方がわかりやすく、結論も共有しやすいという特徴があります。しかし問題は、立てた戦略に従って成果を実感し、成功を勝ち取っている企業はそれほど多くないことです。

　せっかくいい戦略を立てても結果に結びつかないのは、原因があります。SWOT分析などの手法が悪いわけではなく、進め方が間違っているケースが目立ちます。特に、**①決断の過程、②課題化の過程、③見直しの過程が十分に機能していない**と推察します。

　多くの企業は、戦略を決めて、個々の課題が決まれば満足してしまいがちです。実際には、行動する前に考え込む人、少し目先が見えてこないとあきらめてしまう人などがいて、全社展開にならない場合も多くあります。テクニック的なことをいうと、「決断プロセス」でデータや事実にもとづかないで決断をしたり、議論が活性化でき

## ◎戦略策定のフレームワーク「ＳＷＯＴ分析」とは◎

「ＳＷＯＴ分析」は、戦略策定やマーケティングの意思決定、経営資源の最適化などを行なうための有名なフレームワークの１つ。自社を取り巻く外部環境と、自社の資産（人・もの・金など）の内部環境をプラス面、マイナス面に分けて分析。「Ｓ：強み」「Ｗ：弱み」「Ｏ：機会」「Ｔ：脅威」のそれぞれについて、ヌケやモレなく洗い出す。

| | |
|---|---|
| ＳＷＯＴ分析の魅力 | 内部環境と外部環境に目を向けることで、客観的に全体の状況をとらえることができる。参加者の意思の統一やすり合わせができる。参加者との議論を進めることで、分析対象だけでなく企業全体の理解が深まる。 |
| ＳＷＯＴ分析と戦略立案の関係 | ＳＷＯＴ分析⇒クロスＳＷＯＴ分析⇒戦略の意思決定という流れが一般的。 |
| ＳＷＯＴ分析の注意点 | ＳＷＯＴ分析を行なうためには、多くの参加者で議論を進めることが理想的ではあるが、事実・データにもとづく議論が必要。この点は、専門家に助言を得ながら実行する。 |

### 【戦略立案後に事業が進展しない理由はなぜか？】

①ポジティブな戦略でも先が見えず、成功する気がしなくなる

②行動する前に考えがまとまらず、前に進めない

③やることだけ決めて、やらないことを決めない⇒引き算をしないと足し算はできない（メンバーの仕事がただ増えるだけ）

④予算の裏づけや財務の安全性の確保ができていない

なくていつのまにか結論が決まっていたりして、全従業員が一体化して動けない環境をつくっている場合もあります。

　それを打破して戦略を確実に実行するには、**企業全体をガイドする役割をもった人を定める**ことが重要です。それなりに権限をもった人が管理をしないと、企業は変革できません。すばらしい戦略を立てても、必ずリスクが存在し、そのリスクを克服しないと前に進めないことはよくあります。それを突破するには、強力なエンジン（ガイドする者）を備えておかないといけないということです。

# 1-7

# スマート化＝ＤＸ対応とＩＴ化の流れをつくろう

## そもそも「スマート工場」とは何か

「ＤＸが工場の課題」ということが、しきりに提唱されています。また、ＩＴ（情報）化対応が不要であると考える企業はほとんどないにもかかわらず、経営戦略のなかにＩＴ戦略をしっかりと組みこめている町工場は少ないのも現実です。

ＩＴ化の難しさは、経営者の苦手意識（過去の取組みが成功しなかった経験も含む）が１つの壁になっている点が大きいですが、専門家に相談しても、「目まぐるしく技術が進展する分野」「ＤＸなどの略語がよくわからない」「デジタル化の魅力が理解できない」、そして「費用対効果が計算できない」という印象が残ってしまい、自信をもって取り組めないことも事実でしょう。

やはり本業とは異質のジャンルであるために、**感覚的にも納得できない何かが働いてしまう**こともあります。

ＤＸの波に乗るためには、経営戦略を明確にして課題を整理して臨まなければなりません。見えてきた課題を１つずつ解決して流れをつくる、という地道な行動です。コロナ禍のもとでも余裕をもって変化に対応できた企業は、**数年前からデジタル対応を計画的に強化してきた企業**が目立ちます。リモートワークなどデジタル中心の業務にいち早く転換できたのは、その数年間の基盤がある成果です。

ＩＴ化に積極的に取り組み、工場のＩｏＴ化に成功するなどの企業も見受けられます。その企業の経営者は、ＩＴの専門家だったわけではありません。経営者として自分なりに勉強してデジタル技術を信じ、任せるべき点は専門家に任せるというごく当然のことを実行したということです。

実は、町工場のＤＸに関する課題は、現実にはたくさんあるわけ

# ◎町工場のスマート化戦略（ＤＸ対応）とは◎

## 【町工場にあった戦略的取組みが必要】

戦略的な取組みとは、経営目標に沿った計画をつくること。
- 顧客とのコミュニケーション
- すばやく実行できる生産体制の構築

## 【デジタル対応を実現するカギは】

- デジタル化（ＤＸ対応）は難しいテーマではないが、結果が出るまでは数年かかる。経営者アンケート調査を行なっても、戦略決定から実施段階に至るまで、さまざまな困難さがともなうことが普通。特に、ＩＴ特有の現象に悩まされることが多い。
- 専門家に相談しても「目まぐるしく技術が進展する分野」「ＤＸなどの略語がよくわからない」「デジタル化の魅力が理解できない」という悩みがあり、結局は「費用対効果が計算できない」という結論にいたるケースがみられる。
- 同様に、経営者の苦手意識（過去に取組みが成功しなかった経験も含む）が１つの壁になっている。

## 【デジタルでできること、やるべきことはペーパーレス化】

- 町工場に限らず、企業に必要な情報を紙で所有している現実がある。そもそも不要な情報を手元に残している企業はない。暗黙知とか形式知とか、５Ｓが重要だといわれるが、企業の保有する紙の情報のなかには意味のないものは少ない。
  ⇒いま保有する紙情報をデジタル化するだけでも変化が見えてくる。
- 情報をデジタルで扱えるようになれば、いろいろな作戦が立てられる。人、設備（機器や通信網）を充実させてノウハウを蓄積できるし、情報を販促や生産能力強化に使えることがより実感できる。
- スマート化の最初の一歩は「ペーパーレス志向」である。

でも深いわけでもありません。「人、もの（設備・装置）、金、情報管理」という経営の要素にもとづき整理すれば見えてきます。極端な話をすれば、エクセル１つを利用するだけでかなりの業務効率化が図れます。

　本書では、ＤＸに関する課題を町工場の現実にあわせて、現場も含めた施策に落とし込んで解決策を示すことを総称して「スマート工場」としています。

# 1-8

# 組織の活性化と人材育成のポイント

## デジタル人材はどのように育成するのか

　町工場がスマート化を進めるには、当たり前のことですが、「組織づくり」と「人材活性化」が欠かせません。この点が重要なのは情報化戦略だけに限りませんが、そもそも人材育成に組織的に取り組んだ経験の少ない町工場には、**デジタル人材の育成計画をつくる**のは困難です。何から手をつければいいのか、わからないものです。

　本書では、この人材育成について詳しくは説明できないので、この項でデジタル人材の育成について簡単に触れておきましょう。

　人材育成計画は、一般的な人材育成方法をベースに考えればいいのですが、必要なデジタル人材の特徴は次の2つの点にあります。

---

①情報技術や情報化特有の用語を理解できる人材
②上記①の技術などを利用できる（情報リテラシーのある）人材

---

　これらにプラスして一般オペレーションができる人材も必要ですが、上記①、②の人材がいれば、一般事務職の人でも十分に戦力化できるはずです。

　多くの企業は、①ないし②の人材を採用したり、派遣で調達しています。しかし、実際に企業が必要なのは、継続した戦略的デジタル化の構築を推進できる人材です。業務にも知悉していることが望ましいので、スキルの高い人材でなければなりませんが、パソコンが少しできるからという理由で担当になっている人も含めて、このようなデジタル人材をどう育成していけばいいのかわからない、という悩みを抱える企業が多いようです。

　しかし、デジタル人材だからといって特別な育成プランが必要と

## ◎スマート化のための人材育成プランとは◎

● ほしい人材を明確にして現在の人材とのギャップを課題化する
● 課題をどのように解決するのかプランを決定する
● 実施体制を明確にしてスケジュールと予算案を決定する

### 【デジタル人材の育成の現実は】

人材の育成については、IPA（情報処理推進機構）が「IT人材白書」を発行して、必要な人材像、スキル、採用、育成などの観点から調査しているが、従業員300名以下の企業の50%は人材育成計画を進めていないという結果が出ており、町工場ではさらに少なくなるはず…。

## 「DX推進のためには、ビジネスとITの連携が不可欠」

● ビジネスとITをつなぐ人材の獲得・確保は多様化し、IT企業や異業種からの流入が活発になっている。小規模企業の人材獲得は、キャリアをもっている他社からの採用が主流である。
● さまざまな人材が集まる組織として変革していくためには、評価制度、育成制度の見直しが伴わなければならない。現場で働いた経験を伴ったデジタル人材が望まれている。

獲得した人材をトップが公平に評価して、
キャリアを認めることができるかどうかがカギとなる。

なるわけではありません。望まれる人物像を描き、「生涯を通じたキャリア・プランニング」をつくって、適切に研修や実践を通して「能力形成」をするということです。デジタルの力を信じて、成果を確かめながら企業の成長を図っていけば道は開けてきます。

　クリーニング店の主人が、YouTubeによる独学だけでAIを組み込んだ業務処理システムを構築できる時代です。日本は立ち遅れた国でも、人材がいない国でもありません。誰もがデジタルの恩恵を手軽に受ける環境にあります。

# 1-9

## 試練は絶えずやってくる

### 「一本足打法」では試練に耐えられない

　町工場は年々減少しています。試練がくるたびに淘汰されてきましたが、言い方を変えると、いま生き残っている企業は淘汰されなかった特色ある企業といえます。何の努力もせずにいまがあることは、あり得ないわけです。

　経営者は、「環境の変化はこれまでもあったし、これからも劇的に起きると考えており、自社の理念やビジョンを通じて、経営資産をフル活用して前進するしかない」と確信しているはず。**自社の技術・技能を使って新しい世界を開拓するしかない**ということです。

　たとえば、コロナウイルスによる緊急事態宣言後の課題の変化をみてみると、「既存顧客との接点・営業」が増加し、次いで「新たな分野への進出」が増加しています。一方、「製品の品質」や「人材の採用（新卒・中途）や育成」が減少しています。

　やはり売上減少や顧客の変貌を考えると、生産性向上という課題は優先度が低くなっていかざるを得ないということです。販路拡大が喫緊の課題となっている事情がみてとれます。

　しかし、先に述べた「ダイナミックケイパビリティ」の見方も考えると、1つの優良顧客や1つの製品群に依存したいわゆる「一本足打法」よりは、できる限り多様な顧客層をもち、多様な製品群（生産能力・設計開発力・技術力）を有する企業構造に進んでいくことが、試練に耐えられる強い企業への道といえるでしょう。

　社会全体の動きはコロナで沈んでいるようにみえますが、工場の稼働率が下がることなく売上が伸びている企業がたくさんあるのも現実です。日本にどんな災難があり、どんな困難がふりかかっても、1億を超える人が生活しなければならない以上、ものづくりの役割

## ◎試練はまたくるので備えておかなければならない◎

コロナ禍だけではなく、これまでもバブルがはじけたり、半導体不況があったり、リーマンショックなどの「経済的不況要因」と、東日本大震災などの地震や台風などの「自然災害要因」は過去にも繰り返し発生してきた。自社が被害にあわなくても、お客様が被害を受けることもある…。

### 【試練に耐える構造とは？】

- いくら時代が変わろうとも、板金・旋盤・折り曲げ・研磨などの、ものづくりの基本工程がこの世から消えることはない。品質検査がいらなくなることも起こりえない。
- したがって試練に耐える構造は、顧客層の業種業態が偏らない工夫が重要。たとえば、半導体不況が来たときに、一気に仕事がなくなった町工場が多かったのは記憶に新しい。そのときに、金属加工から樹脂加工に切り替えるとか、半導体向けから医療機器向けに切り替えるとかの変化をせざるを得なかった経験がある。
- 結局は、同じ会社からの注文はこないので、異なる会社の違うニーズに対応せざるを得ないのが現実。それに備える体質改善が必要。

### 【試練が来たときに一本足打法が弱いのは明白】

- 変わりたいときに変われない現実が起こる理由は、小さい町工場だからではない。小さいがゆえに変わり身は簡単なはずである。
- 変化することを妨げているものは、「お金と情報がない」という現実だけである。

がなくなることはないというのが、感染症流行の残した教訓です。

町工場は小さいがゆえに、変わり身は簡単なはずです。それを妨げているものは、「お金と情報がない」という現実だけです。

ビジネス構造的には、一本足打法を避けて財務の裏づけがあれば、次の試練が来てもしたたかに生き延びられます。実際にコロナ禍では、それを示した企業が多く存在しているのです。町工場にとっても「1社依存体制からの脱却」が必要ということです。

29

# 1-10

# めざすべき「スマート町工場」とは

## 町工場にも新しい時代がやってきた！

　経営者の関心は「自社の技術・技能を使って新しい世界を開拓する」ことにあります。だからこそ、本章で述べてきたような施策も、実はすでに展開されているはずなのですが、ここでいくつか確認しておきたいことがあります。

　「日本のものづくり」は、政府主導で1つの方向性（たとえば輸出立国など）に決める必要性はないし、主導してもそのようなことは実現できないでしょう。日本人の特性からしても、多様な分野で目覚ましい活躍ができる能力があるのは明らかです。

　とはいっても、町工場の新しい時代が大量生産の分野に向かうことは考えにくく、すでに、明らかに**少量生産の時代**に向かっています。同じ企業からまとまった注文が毎年のように継続的に来て、それを前提にした生産性向上に努めることで生き延びられるという時代ではないということです。

　生産性向上は、いつの時代にも必要な普遍的テーマであることは大前提としても、複数の企業から多様な注文をこなしていく工場にならなくてはなりません。そのためにはどうすればいいのか、ということがここで提案したい内容です。

　提案するなかで大きなカギとなるのは、いままで数少ないお客様と密にコミュニケーションをとっていた町工場は、**多くのお客様との情報交換を密にすることにより目標を達成しよう**ということです。

　これはまさに、マーケティング戦略の発想です。ただし、マーケティングだけやればいいということではなく、それを基準にした構造改革が必要です。

　結論からいうと、ソリューションのカギはデジタル化（いまでい

30

## ◎町工場のスマート化は普遍的なテーマ◎

スマート町工場の構造とは、顧客との窓口（ハブ機能）と柔軟な生産体制（ノード機能）をもち、ＤＸで裏打ちされた体制（構造）である。

顧客 ⇒ つながる ⇒ 情報 ⇒ つくる ⇒ 届ける ⇒ 顧客

**ＤＸ／シームレス連携**

- Ｂ to Ｃに活路を求めて、自社オリジナル商品を開発する町工場もよくみかけるが、従業員のやる気や自社製品の広告塔としては機能しても、ビジネスにするのは相当な努力が必要。
- 基本はＢ to Ｂで、ＤＸといっても不特定多数の顧客を前提にするよりも、優良顧客と「ホットライン」でつながり、自社に必要なユーザーのナマの声を聴ける構造をつくることが現実的な解である。
- 「ホットライン」は、ペーパーレス・シームレスでつながるのが理想。

- 町工場には、自社の生産体制に見合った受注しか取れない現実があるが、有益な情報が入るようになれば、自社の生産体制とのバランスをどのようにとればいいか、具体的にイメージできる。
- 「情報とお金」がないと改革はできない。
- 情報の重要性を理解するだけでなく、戦略的な情報活用こそが「スマート化」のカギとなる。

うＤＸ化）です。デジタル化については、すでに多くの解説書が出版されていますが、本書は町工場の生きる道筋を描くことが主題です。２章以降では、解決策となる本質的な問題解決の方法論を中心に解説します。しかし、概念だけにとどまっていては具体的な行動には結びつけにくいので、事例にもとづいて現実解を示します。

　ＩＴ技術については他の専門書を参考にしてもらい、本書では現場の改善とデジタル化の融合を「スマート化」としてとらえて、ヒントを示すことにします。

# 工場の歴史と「町工場」

　日本の工場の99％は町工場であり、1960年代から大量に発生し、日本の経済を支えてきました。それは明白なのですが、実は「町工場」というのが何を指しているのかはよくわかりません。明確な定義があるわけではないので、著者としても困ってしまいました。

　近代工場といわれるものが1700年代にイギリスで始まったとされており、それまでの伝統的な職人の世界、工房的なものづくり場所と区別されているのがヒントとなります。工場の世界でいえば、小規模から中規模の工場で資本力も小さく、従業員も少ない工場を指していると考えられます。そして、さまざまな形で日本のものづくり（特に大量生産品）を支えている工場を指しているのが一般的な見解でしょう。

　でも、「町工場を救いましょう。世界一の技術立国を復興させよう！」と政府やマスコミからいわれても、何をしてくれるのかよくわかりません。実際に企業に直接的な支援をするよりも、間接的な支援（情報提供、技術的支援、専門家派遣など）が主流となっているので、現実的にはそれ以上の支援を期待するほうが無理なのだと思います。

　定義が定まっていないだけでなく、町工場はあまりにも多様化していてひとくくりにはできないし、カテゴリーの分類さえできないでしょう。全体をカバーできる支援スキームづくりはまだ課題だらけです。

　私はたまたま東京都大田区の東六郷という町に6年間住み、コンサルタントの仕事で100社以上の町工場を訪問する機会を得て、社長にインタビューをしてきました。現在の町工場は、昔のイメージを残している部分もありますが、汗と油にまみれ、残業代も出ない3K・ブラック企業とは縁のない世界になりつつあります。

　いま残っている町工場は、間違いなく光るものを持っている存在です。機会があれば、読者の皆さんも町工場に訪問して、そういう面を見つけてもらいたいと思います。

# 2章

# 「スマート町工場」に
# シフトしよう！

Smart Factory

執筆 ◎ 清水 仁司

# 2-1

# 町工場が抱えている悩みとは

## 町工場は生き延びられるのか

　多くの町工場は、「注文が取れない」「売上拡大を図りたい」という悩みを抱え続けています。その要因としては、長引く需要の低迷や市場ニーズの変化の速さなど外部環境によるもの、需要やニーズに応じた従業員の確保の難しさなど内部環境によるものがあげられます。特に、新型コロナウイルスの感染拡大による世界的な需要の減少とニーズの変化が大きく影響しています。

　航空業界では、国際線の旅客需要が消滅に近い状態になりました。そこにつながる航空機産業では、サプライチェーン全体で深刻な需要低迷に陥っています。輸送機械業界関連では、直前までの好景気もあり、顧客の要求を受けて設備投資をしたものの、注文がキャンセルされ、経営難に直面している町工場も見受けられます。

　人の往来がなくなった代わりに、テレワークや巣ごもりによって、ＷＥＢ会議用のネットワーク機器やゲーム機の需要が急拡大しました。これらには多くの半導体が使われるため、世界的な半導体不足を引き起こし、自動車業界や電機業界など、多くの製造業は深刻な状況です。関連する町工場は困難な状況になっており、注文が受けられない製品が出始めています。

　こうしたなか、もともと人に関する悩みが多い町工場は、困難な状況を打開できる、技術をもった若い人材が採用できないという、根深い問題でも苦労しています。

　各所のアンケート調査から見える、**町工場が取り組むべき課題の上位は、「新規顧客開拓・販路拡大」と「人材確保・人材育成」です。**多くの経営者は、こうした課題を解決しなければ、この先も生き延びるのが難しいことは百も承知しています。しかし、多忙な日常業

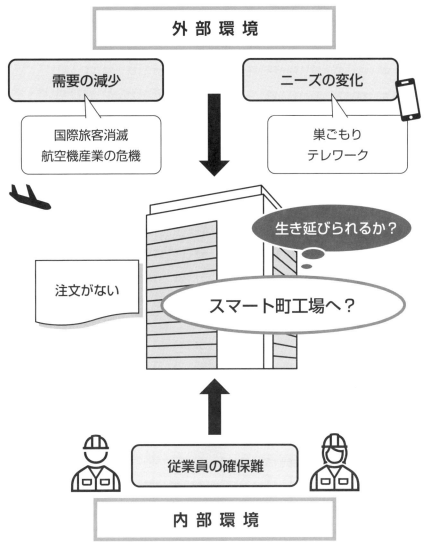

◎町工場の悩みの要因となる外部環境と内部環境◎

務のなかでは課題の深掘りができず、本質を突いた解決策が見い出せないままになっています。

　そこで本章では、この先も生き延びるためのヒントとして、「スマート町工場への転換」について解説します。

# 2-2

# 町工場が生き延びるには

## 町工場としてできることは何か

　町工場に限らず営利企業であれば、注文を取り続けなければ生き延びることはできません。新型コロナウイルス感染拡大の影響を受けて、注文がなくなった飲食店や建設業などは、廃業や大幅な縮小に追い込まれた企業が続出しました。

　では、受注を取り続けるためにはどうすればよいのでしょうか。難しい問題ですが、**経営環境の変化に対して、自社の行動を変化させていくしかありません**。つまり、環境適応です。BtoBの町工場は、市場という統計的な対象を眺めるのではなく、市場のなかにいる個々の顧客をとらえるために、経営者が自社の変革を決断して、自ら顧客に接し、ニーズをとらえることが重要です。

　需要の低迷など、脅威となる外部環境の変化への対応であれば、既存顧客への対応を変えるか、新規顧客を開拓するという2つの選択肢になります。既存顧客自体の受注が減少している場合だと、この先、既存顧客の変革を待てるかという難しい判断が必要です。

　したがって、町工場のアンケートにも表われているように、**受注拡大のためには、新規顧客開拓に取り組む**のが優先課題となります。

　一方、従業員の確保難という内部環境の弱みに対しては、製造業を敬遠する若者が増えていることを考慮しなければなりません。働きやすい環境を整えたり、町工場の魅力を伝えるなどの努力によって、新規採用もめざしますが、**既存従業員の能力開発のために、人材育成に取り組む**ことが何よりも重要です。

　取組みの方向性は見えましたが、新規顧客開拓と人材育成をどのように注文につなげていけばよいのでしょうか。そのために、注文とは何かを考えてみます。これは、顧客が実現したいことに対して、

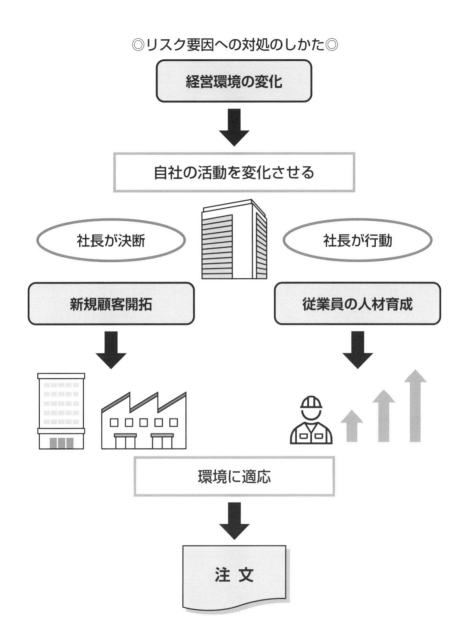

町工場が実現できることを示した場合に成立するものです。

　したがって、次に顧客のしたいことと、町工場のできることの実態を再確認しておきましょう。

# 2-3

# バーチャルな引き合いに応じる

## 企画から工程設計までバーチャルで行なわれる

受注生産型の町工場では、「引き合い」が来て商談が始まります。顧客が実現したいこと、町工場に頼みたいことが引き合いのなかにあります。近年は、ＷＥＢ上でのＥＤＩ（電子商取引）が増えており、ＣＡＤデータを送って、そのままＣＡＭでＮＣプログラムへの変換を求められるケースが増えています。こうした方法は機械加工分野だけでなく、電子回路製造などにも広がっています。

その背景には、変化の速い市場ニーズに、短納期・低価格で対応したい完成品メーカーの強い要求があります。ユーザーに近いサプライチェーンの下流では競争が激しく、新商品開発やバージョンアップを短期間で行なって、市場に投入していかなければなりません。

そのために、設計と検証の繰り返しを素早く何度も行なえるよう、企画から開発、設計、生産計画までをパソコンのなかで行なっています。機械設計の場面では、３次元ＣＡＤ図や３次元のサンプルで加工や組立の干渉をチェックするなど、過去の職人技ではなく、現物に近い形で見ながら手戻りのない進め方で作業が進んでいきます。

設計におけるバーチャルだけでなく、企画段階での需要予測や価格設定、工程設計や原価見積りなどの生産計画もすべてパソコンのなかで行なわれます。そうして出来上がったバーチャルな要求が、引き合いとなって町工場に投げられてきます。

効率化を追求している顧客は、町工場の対応にもスピードと正確さを要求しています。町工場によっては、投げられたデジタルデータがパソコンで扱えなかったり、データが設備やプロセス制御系につながっていないなどの問題を抱えており、見積りや生産準備に苦労しているのが現実です。

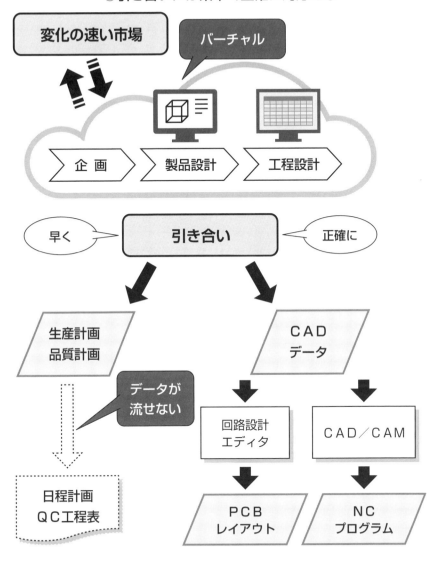

◎引き合いには素早く正確に対応を◎

変化の速い市場

バーチャル

企画　製品設計　工程設計

早く　引き合い　正確に

生産計画
品質計画

CAD
データ

データが
流せない

回路設計
エディタ

CAD／CAM

日程計画
QC工程表

PCB
レイアウト

NC
プログラム

　しかし、いまや企画から工程設計までをバーチャルで行なうのが世界的な流れです。日本の大企業もさらにDX化に力を入れています。町工場もこの流れの先をいくくらいの対応で、攻めていきたいものです。

# 2-4

# 町工場のリアルを知っておこう

## 「もの」をつくる町工場の実態を見ておくと

　「もの」の動きは、材料の発注から始まります。発注した材料は、運搬されて町工場に届き、開梱して受入検査を経て、倉庫に保管されます。その後、倉庫から払い出して機械に掛け、機械を動かして加工します。このように「もの」づくりは、人手と多くの時間がかかります。

　また、「もの」と一緒に納品書や現品票が流れていくため、情報管理の手間もかかります。不良品があると、交換のために逆向きの作業が発生して、パソコンでアンドゥするようには処理できません。こうした「もの」を扱う手間の多さが、町工場のリアルな姿です。

　「もの」の加工や組立は、人と設備が行ないます。機械加工の工程では、マシニングセンターの導入が進んで、人が機械に置き換わってきていますが、組立や検査工程ではまだまだ人が頼りです。部品製造の現場では、工場従業員の20％以上が検査員ともいわれています。不良の流出を許さない技能が求められるうえに、単調な仕事のため、人手不足が常態化して、増産対応のネックになりがちです。

　また、古い設備を使い続けている町工場は多く、動力や制御系を変更できないまま加工速度を上げられないことから、要求数量に応えられず、せっかくの注文を断わらなければならない事態も生じています。町工場の経営者は、こうした状況を変えたいと思っている一方で、今日を生きるために日々の仕事に追われてしまいます。

　このように町工場は、「もの」と「人」と「設備」が混然としたリアルな現場です。何をするにも時間がかかり、市場の変化や顧客の要求に比べて、動きが遅いといわざるを得ません。ものづくり現場というのは、変われといわれても、「もの」と「人」と「設備」

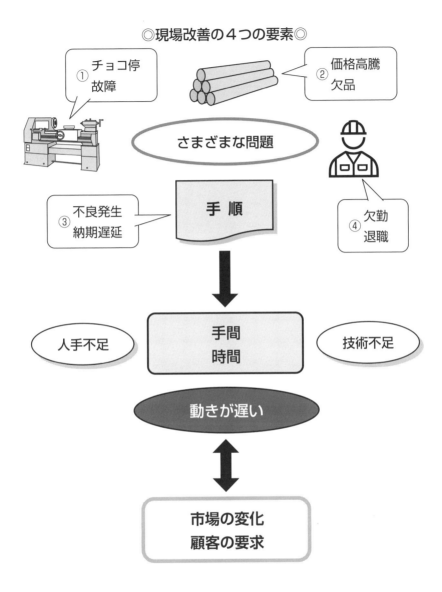

◎現場改善の４つの要素◎

① チョコ停 故障

② 価格高騰 欠品

さまざまな問題

手 順

③ 不良発生 納期遅延

④ 欠勤 退職

人手不足

手間 時間

技術不足

動きが遅い

市場の変化 顧客の要求

が変わらないとできないわけです。

　しかし、変わることができた企業は、現場の実態を数字化して改善するところから始めています。現場というのは、わかっているようでわかっていないことが多くあります。変わることができた事例については、あとでご紹介します。

# 2-5

# バーチャルに追いつくには
# どうする？

## シームレスなデータ連携を実現させる

　自社のマシニングセンターだけで完結できる仕事であれば、ＣＡＤ／ＣＡＭでバーチャルなデータは流せます。しかし、幾何公差をつけられると、高度な測定器がなければ検査もできませんし、データの連携も生かせません。表面処理などで外注を利用すると、さらに連携は途切れてしまい、「もの」とデジタル情報をセットにしたシームレスな生産が行なえなくなります。

　逆に、シームレスなデータ連携ができると、製造の動きを早くすることにつながります。顧客対応のスピードを改善するには、生産計画に対する進捗・実績の把握もシームレスに行ないたいところです。しかし、生産管理のシステム化が可能な町工場は少なく、顧客の生産管理システムとシームレスな連携などあり得ません。

　ドイツ政府が推進しているインダストリー4.0では、生産管理システムをはじめ、あらゆる情報を企業間でつなごうとしています。将来こうした先進的なサプライチェーンに組み込まれるとなると、町工場であっても、**外部連携が可能な生産管理システムの構築が必須**となります。

　シームレスなデータ連携をリアルな生産管理に適用するには時間がかかるとしても、引き合いはシームレスに対応したいものです。見積りであれば、生産データをリアルタイムに連携する必要はありません。蓄えられたデータをバッチで処理すればよいので、アナログデータをデジタル化し、少しずつでも設備から直接、データが取れるようにしていくなど、改善活動は容易でしょう。

　見積りは社長の頭のなかで行なわれています。経験や勘ではじいているように見えますが、大半は実績にもとづく計算です。頭のな

## ◎町工場のシームレス連携とは◎

つながらない！

シームレス連携？

**先進的サプライチェーン**

生産管理 ⇄ 生産管理

$y=f(x)$

シームレス連携

工夫と実行が必要

製造記録

!@*&#%?

かの計算過程をアルゴリズム化して取り出すことは可能です。

　いまは、3DCADデータから自動見積りを行なうサービスなども安価に実現されています。情報の取扱いを工夫し、できるところからデジタル化して顧客のスピードについていける基盤を構築するのが課題です。

**43**

# 2-6

## スマート町工場とは

### シームレスな情報連携を実現して注文を増やす

　シームレスなデータ連携の推進においては、「デジタルツイン」の活用が重要です。デジタルツインは、製造現場にある仕掛数や、ホワイトボードにある進捗などのアナログな情報を、パソコン上に移し、現場をモニターするとか進捗をシミュレーションできるようにした環境です。つまり、**リアルな現場を、パソコンのなかのバーチャルな空間に再現させたもの**といえます。決して新しい概念ではありません。

　このデジタルツインの効果はいろいろあります。顧客や協力会社など社外との情報連携に活用する「**外部ＤＸ**」と、人や設備など社内での情報連携で活用する「**内部ＤＸ**」が備えられています。現場に行かなくても生産状況がわかり、電話や会議をなくして、簡単に納期を決められるようになります。

　外部ＤＸを推進していくと、多くの企業とつながっていくこととなります。自社がつながりの起点や中心になれば、企業間ネットワークのなかの「ハブ」になります。ハブには、多くの情報が集まるだけでなく、情報発信も期待されます。役立つ情報が発信できるようになると、潜在顧客からの引き合いが増えてくるはずです。

　一方で内部ＤＸを追求していくと、自社の強みをより強くでき、とがった技術を持つ、サプライチェーンのなかでなくてはならない「ノード」をめざせます。ＤＸは弱みの克服に目が行きがちですが、自社を中心にした強みを活かすノードになれると、さらに大きな利益を生み出せるでしょう。

　このように、**外部ＤＸと内部ＤＸを駆使する**ことで、シームレスな情報連携を実現して、注文を増やせるのが「スマート町工場」で

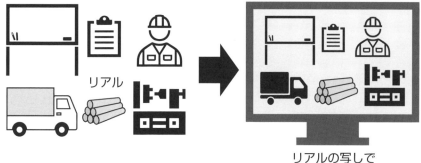

◎カギは「デジタルツイン」！◎

リアル

リアルの写しで
シミュレーションを！

これからの企業間ネットワーク

航空航路網のようなネットワーク

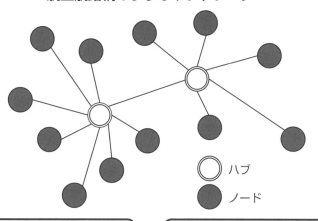

○ ハブ

● ノード

外部DXで
情報発信を強めるハブ

内部DXで
強みを活かすノード

す。町工場がめざすスマート化の姿は、「ハブ」と「ノード」の組
み合わせのなかに定めることになります。そうすることで、顧客と
の向き合い方も決まってくるので、引き合いへの対応（特に顧客へ
の提案力）が強化できるはずです。

# 2-7

# 「ハブ」と「ノード」とは

## ハブもノードもスマート化してシームレスに連携を

どんな相談でも聞いてくれて、協力工場を使って何でもつくってくれる町工場があります。こうした町工場は、協力工場の生産管理を把握して、サプライチェーンを取りまとめる「ハブ」機能を果たしています。顧客から見れば、何でも注文しやすい町工場です。

一方で、こうした「ハブ」と強くつながり、とがった技術や独自の生産方式でハブを支えているのが「ノード」といえます。顧客から見て、よいものを安く早くつくることができる生産の要となる町工場です。

本書は「どちらのタイプもスマート化し、両者がシームレスに連携できる」ことをめざす立場です。こういった機能や特徴を進化させるためには、デジタルツインを実現することが必要です。「ハブ」の経営者は、パソコンのなかで協力工場をモニターして、見積りのためのシミュレーションを行ないます。「ノード」の経営者は、社内の人と設備をパソコンのなかで再現します。「ハブ」は連携先の町工場群を、「ノード」は自社の現場をバーチャルな工場にしていきます。

「ハブ」に求められる機能で重要なのは、**市場のニーズを的確にとらえる力**です。これが備わると、予測・企画・提案力が養われ、顧客から要求がなくても自社製品を提案できるようになれるでしょう。そうなると、自社製品の拡販だけでなく、DtoCビジネス（製造業がダイレクトに消費者と取引すること）も視野に入ってきます。

一方の「ノード」は、**生産管理の効率化を追求できる力**が重要になります。この力は、「計画（P）⇒実行（D）⇒評価（C）⇒改善（A）」のサイクルを回す原動力で、「品質（Q）・コスト（C）・

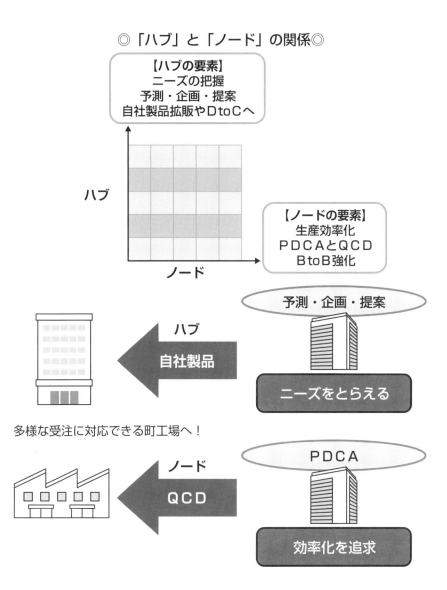

◎「ハブ」と「ノード」の関係◎

【ハブの要素】
ニーズの把握
予測・企画・提案
自社製品拡販やDtoCへ

ハブ

ノード

【ノードの要素】
生産効率化
PDCAとQCD
BtoB強化

予測・企画・提案

ハブ

自社製品

ニーズをとらえる

多様な受注に対応できる町工場へ！

PDCA

ノード

QCD

効率化を追求

納期（D）」で顧客満足をつくり出します。そうすることで、B to Bビジネス（企業間取引）がより深化していきます。営業面で大きな効果を発揮することになり、多様な注文が取れる町工場になることが狙いです。ハブとノードを連携できる「スマート化」が町工場のソリューションになるという理由はここにあります。

# 2-8

# 町工場の生産性を上げるには

## ■ DXを実践できる人材の育成が課題

　注文が取れるようになってきた町工場がめざすのは、労働生産性の向上です。2000年代に入り、中小製造業の労働生産性（従業員1人当たり付加価値額）はずっと横ばい傾向が継続していて、まったく改善がみられません。ちなみに2019年は、中小製造業の535万円／人に対して、大企業製造業は1,238万円／人でした。スマート町工場は、大企業並みの1,000万円／人をめざしたいところです。

　**労働生産性**とは、一定の労働投入量（労働人員数・労働時間数で表わされる総量）が生み出した経済的な成果（付加価値額）のことです。**付加価値額**とは、「営業利益＋人件費＋減価償却費」で計算される粗利に近い数字です。これまでの町工場は、業務の省力化や業務プロセスの効率化によって労働生産性を高めようとしてきました。この方法だけで頑張っても付加価値額は上がりません。

　付加価値を上げようと言い尽くされていますが、現場には具体的な目標値に落とされていない傾向があります。製品の高付加価値化とは、**新技術・新製品の展開による営業利益の増加も含めて労働生産性を高めていこう**とすることで、これがスマート町工場です。

　「ハブ」型町工場では、「予測・企画・提案」の力で、十分な利益が得られる適正な売値を実現します。「ノード」型町工場では、プロセスの効率化による労働投入量の最小化はもちろん、とがった技術や独自の製法で、品質（Q）と納期（D）で顧客満足度を高めて適正な価格を訴求し、数字に表われる利益構造をもとうとします。

　業種や業態、人と設備、技術とノウハウは町工場によってさまざまで、適正価格の設定や交渉のやり方もさまざまですが、自社の価値を理解してくれる顧客を創造するという意識が重要です。そして、

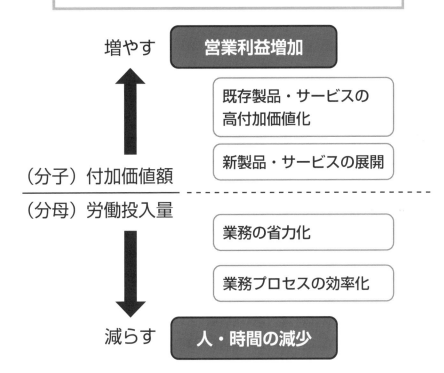

◎実現してこなかった付加価値向上作戦◎

$$労働生産性 = \frac{付加価値額}{労働投入量}$$

$$= \frac{営業利益＋人件費＋減価償却費}{労働者数　または}$$
労働者数×１人当たり年間就業時間

**労働生産性向上の考え方**

増やす ── 営業利益増加

既存製品・サービスの高付加価値化

新製品・サービスの展開

（分子）付加価値額
──────────
（分母）労働投入量

業務の省力化

業務プロセスの効率化

減らす ── 人・時間の減少

そのことをしっかり理解して、**自社にあったやり方でDXを実践できる司令塔のような人材育成が課題**となります。現実には、社長あるいはそれに準じる経営トップが自ら研究してシステム化を先導するしかないでしょう。

# 2-9

## 顧客創造には覚悟が必要

### 「無茶ぶり」にもできる限り応えられるか

注文を増やすためには、新規顧客の開拓が必要です。買い手が新規取引を決める際には、品質・納期・価格の基本条件のほか、品質保証体制や供給能力、支払条件や契約不適合時の責任能力など、さまざまな条件が検討されます。町工場の言い値（見積り）で買ってもらうには、これらの条件も含めて、顧客に満足してもらわなければなりません。

すでに他社から調達されている製品であれば、切替えコストも考えなければなりません。新たな契約費用などの金銭的コスト、品質評価のための物理的コスト、医薬品など保守的な業界に多い心理的コストが影響してきます。このように新規顧客開拓では、**顧客にとってのコスト（予算）をよく理解する**ことが重要です。

欧米流のビジネススタイルでは、提案価格に魅力がなければ、品質やその他条件の優位性を説明する機会すら得られません。こうした点が、既存技術・製品で販路開拓を行なう際の難しさです。

しかし、新設計の部品調達や、サプライチェーンの問題で調達に支障をきたした際などに、価格一辺倒ではない参入の機会が訪れます。超特急・大量発注・変な注文1つだけといった「無茶ぶり」が典型的な事例です。これに応えられると、新たな取引につながります。

既存顧客との取引でも、仕様や納期の急な変更はよくあることです。無理を聞いたり、お願いをしたりという関係で取引しているのがビジネスの現実でしょう。下請法に違反する、契約後の減額などには応じられませんが、顧客創造のためには、**交渉段階の「無茶ぶり」には、できる限り応える覚悟**が求められます。

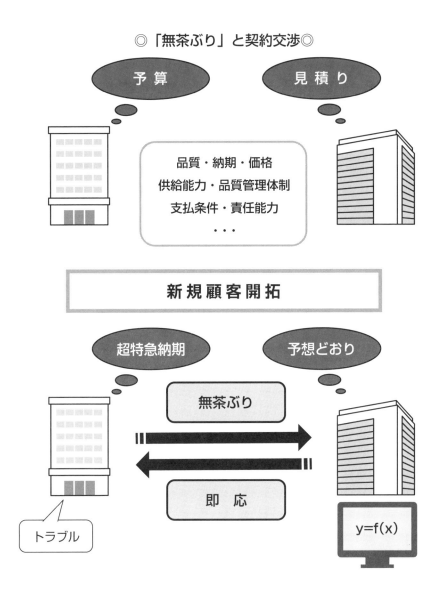

◎「無茶ぶり」と契約交渉◎

そのためには、相手が要求してくるだろう条件を事前に想定して、シミュレーションを行なっておくことが重要です。ある程度の予想範囲であれば、現場も応えられるはずです。リスクコントロールしながら相手のスピードにも応じられるため、顧客満足度が上がり、競争相手に対して優位に立つことも間違いありません。

# 2-10
# 人材育成が重要であることを理解しておこう

## ▦ デジタルツインをつくって使える人材が必要

　増産や特殊加工の追加などの急な無茶ぶりには、経営者の覚悟だけでなく、社外との連携が必要になってきます。特に、同業者や協力工場との連携がうまくできると、ムダな設備投資や無理な技術開発をすることなく、低コスト・低リスクで新規の受注が得られるようになります。

　引き合いを受けたなら、検討に必要な社内外の情報を即座に収集し、パソコンでデジタルツインを動かして、要求に対してさまざまな条件でシミュレーションを行ないます。場合によっては、計算式変更、判断基準見直しの必要があります。

　そうした柔軟な調整は、デジタルツインをつくって使える人材がいなければできません。情報処理に詳しい見積りマンといったところでしょうか。ＩＣＴやＩｏＴツールの導入よりも、人材育成が課題ととらえている多くの町工場の声からも、その重要性がうかがえます。

　しかし、こうした人材は一朝一夕で育成できるものではありません。開発の経験もあり、設計と見積りもでき、設備や生産管理にも詳しく、顧客との交渉もできるうえに、情報処理の知識もあるというのが理想でしょうが、それを町工場で望むのは難しそうです。

　人数にも限りがある町工場では、市販アプリやエクセルなどを組み合わせて、変更が容易な簡単なシステムから始めることになります。顧客の要求を聞く営業がある程度の形にして現場に提供し、情報連携により製造が即座に見積りを行なえるようシステムを構築します。デジタルツインは、思考とコミュニケーションを支援する基盤です。

◎町工場でもこんな人材が必要になる◎

デジタルツインを
つくって使える人材

人 材 育 成

DX

IT×創造

業務知識・経験

デジタルツイン
企 画 ＞ 製品設計 ＞ 工程設計

表計算 × 創造性

生産管理

　たとえば、ＱＣ工程表に原価項目を加えたような表計算シートが
あれば、簡単に工程ごとのコストが試算でき、見積り回答もスピー
ドアップするはずです。このようなレベルから手がけて、ＤＸ人材
とすることも育成です。システム構築のためには、**小さなことでも
自ら創り出すことが、大きなトランスフォーメーションにつながり**
ます。

# 2-11

## 事例①
## とがった技術開発に成功したＡ社

### 🏢 自ら製造に乗り出し、事業再構築を実現

さまざまな材料に対して、きわめて緻密で硬い厚膜を形成できるとがった技術の開発に成功したＡ社は、耐食性保護膜というニッチな分野を狙って、新規顧客開拓を行なっています。

Ａ社は、半導体製造装置の開発経験を活かして、海外メーカーに対して半導体関連製品の技術コンサルティングを展開しようとしていました。しかし、コロナの感染拡大による世界的な人的移動の制限によって、取引中断という大きな環境変化にさらされました。

そこで、自ら製造に乗り出す覚悟を決めて、事業再構築を推進することとしました。そのため、工場用地や人材、資金の確保が急務となりました。まずは、技術人材の確保を進めるとともに、事業計画の策定を進めました。

もともと、技術開発に関連する製造設備やプロセスのシミュレーション環境（デジタルツイン）を整えていたため、素早く事業計画や営業戦略を取りまとめることができ、工場スペースの確保とともに、大きな資金調達が可能となりました。それにより、顧客の課題をとらえてソリューションが提案できるハブ的機能に対して、ものづくりというノード的機能を深化させて、本格的な製造業に転換できました。

この事例から見えてくるキーワードは、①**優位性のあるとがった技術**、②**将来をシミュレーションできるデジタルツインの整備**、③**開発と経営をシームレスにつなぐ技術人材**です。

とがった技術には、営業秘密として保護されたプロセスに関わるノウハウや、取扱い材料を含めた広範な知識と経験など多々ありますが、自ら製造設備が設計・製造できることが重要なポイントです。

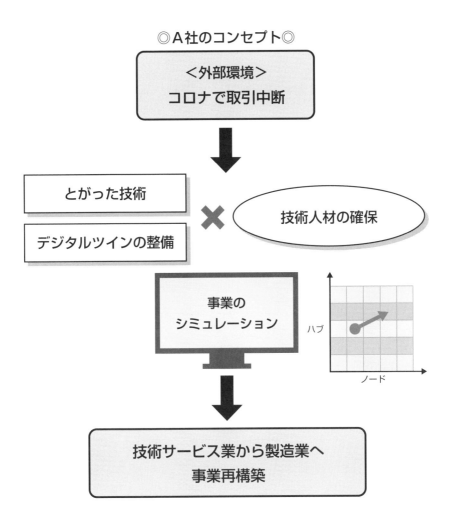

◎A社のコンセプト◎

<外部環境>
コロナで取引中断

とがった技術

デジタルツインの整備

技術人材の確保

事業の
シミュレーション

ハブ

ノード

技術サービス業から製造業へ
事業再構築

　デジタルツインに関しては、プロセス制御のパラメータがプログラム化されていたことと、長年のデータの蓄積が効いています。

　技術人材に求められるのも予測能力です。事業計画の確度を高めるためには、実験や教科書にもとづく正しい計算をスピーディーに行なえるかが重要です。データの不足に対しては、結果の信頼性を明確にしてケース分けすることで、資金調達の計画書を論理的なものにすることができます。また、計算にもとづく計画は、頻繁な修正、予実管理、将来予測などを楽にしてくれます。

# 2-12
## 事例②
## 変化に強いＢ社

### 人の技能に頼りすぎないで、設備の高度化を図る

　輸送機械部品のプレス加工が得意なＢ社は、長年の取引がある大手メーカーに売上の大半を依存しています。そのため、継続的な注文をもらう代わりにさまざまな無理を聞いてきましたが、最近、顧客の生産拡大に伴い、急な増産要求を受けました。受注拡大はよい話ですが、その物量は簡単に対応できるものではありませんでした。

　そこでＢ社は、12台のプレス機の稼働状況を正確に把握して、余力があるか確認することから始めました。新型デジタルサーボプレスには、稼働状況をモニターできるオプションの管理ソフトを導入し、旧式のプレス機には、安価なセンサーと制御用スイッチを用いて、材料投入と製品完成をカウントする簡単な管理システムを自作しました。

　引き合い時点では、設備を増強しなければ対応できないと思われた物量でしたが、平均サイクルタイムと不稼働時間の正確な把握から、少し価格を上げれば、現有設備で受注できることがわかりました。ノードの機能を高めることで自社の見える化が進み、顧客との交渉能力が向上し、ハブ的機能も発揮できるようになってきました。

　この事例から見えてくるキーワードは、①デジタル化された設備、②ＩｏＴを現場で生かせる人材、③データにもとづく素早い現状把握です。

　近年、設備のデジタル化が進展し、人によるモニターや難しい操作など、オペレーターにかかる負荷を小さくできる設備の利用が可能になってきています。機械に詳しくない若者でも簡単に操作できれば、人材採用も容易になります。人の技能に頼りすぎないで、設備の高度化を図ることが重要です。

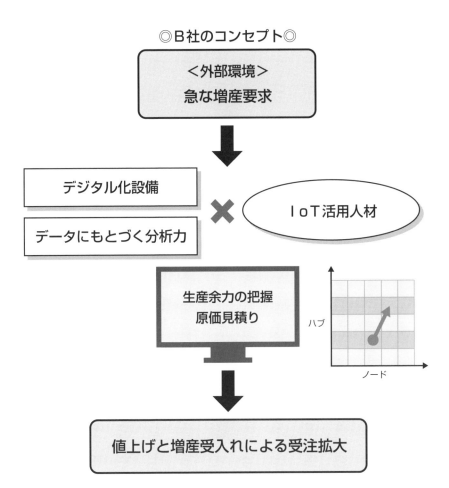

◎Ｂ社のコンセプト◎

＜外部環境＞
急な増産要求

デジタル化設備

データにもとづく分析力

×

ＩｏＴ活用人材

生産余力の把握
原価見積り

ハブ

ノード

値上げと増産受入れによる受注拡大

　製造現場でＩｏＴを使ったちょっとした工夫をすれば、これまで
の手間と不正確な情報を大幅に改善することができます。そのため
には、自社設備の理解に加え、センサーや制御用電子部品の知識が
必要です。ＱＣサークル活動にＩｏＴ勉強会を組み入れるなど、人
材育成に取り組んでみるとよいでしょう。

　現場で得られたデータをすぐに解析して、生産管理や経営計画に
生かせるよう、シミュレーションの基盤を整えておくことが重要で
す。表計算ソフトにデータを取り込んで、加工時間や原価の計算が
できる程度のレベルから始めるだけでも十分です。

# 2-13

## 事例③
## 従業員を活性化したＣ社

### 従業員間のコミュニケーションも活発になる

　金属素形材製品を製造するＣ社は、必要な大型設備を既存工場に設置できなかったため、車で10分のところにある遊休施設を再利用することにしました。工程上、作業組を２つに分けたため、職場全体のツールボックスミーティング（ＴＢＭ）を行ないにくくなり、工程間の受け渡しや作業組の交代でトラブルが多発するようになりました。

　そこでＣ社は、従業員全員が個人のスマホで利用できるグループウェアを導入しました。画像を見ながら会話ができるため、全員が集まってのＴＢＭを毎日行なわなくてもすむようになりました。スマホやデジタル技術に詳しい若手社員が、年配の社員に使い方を教えるなど、従業員間のコミュニケーションも活発になりました。

　一時は計画どおり進まなくなっていた生産を持ち直すことができました。個々人が独立した形で仕事をするようになったにも関わらず、コミュニケーションが円滑になるとともに、この便利なしくみを、協力工場にも展開しようという動きにつながっています。ノードの機能を高めて、それを他社に展開することで、サプライチェーンのハブになりつつあります。

　この事例から見えてくるキーワードは、①**便利な市販のデジタルツールの活用**、②**導入したしくみの社内外展開**、③**若手デジタル人材の活性化**です。

　グループウェアのほか、さまざまなチームコミュニケーションツールが手軽に使えるようになっています。通信環境さえ整えば、外注管理なども含めた生産管理も可能になりつつあります。

　多くのデジタルツールはクラウド提供されており、アクセスの制

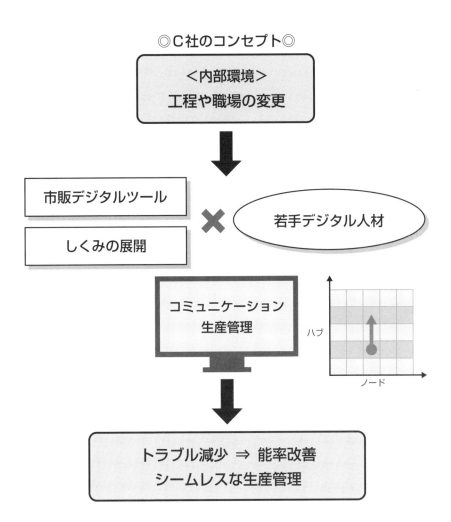

◎C社のコンセプト◎

<内部環境>
工程や職場の変更

市販デジタルツール

しくみの展開

× 若手デジタル人材

コミュニケーション
生産管理

ハブ

ノード

トラブル減少 ⇒ 能率改善
シームレスな生産管理

限もかけられるなど、セキュリティ面もしっかりしています。したがって、同じツールを使っていれば、社外とのコミュニケーションも、安全に素早く行なうことができるようになります。

　デジタル環境で育ってきた若手従業員に、仕事に興味をもって働き続けてもらうには、生活のなかで利用しているレベルのデジタル化は、職場のなかでも必要です。そうした環境をつくることで改善意欲を高めて、DXを推進してもらいましょう。

# *2-14*

# 事例④
# 創造性あふれる現場のD社

## 市場に向けて自社製品の提案ができる

　半導体モジュールの受託開発と製造を行なうD社は、モジュールや回路基板を小型化したいという普遍的なニーズに応え続けています。小型化を突き詰めるうちに、さまざまな技術を獲得して、半導体モジュールの設計から製造までの全工程を請け負えるようになりました。

　半導体モジュールは、クリーンルーム内に設置した精密加工設備で製造するため、設備能力の限界が受託範囲の限界になってしまう恐れがあります。その限界を超えてさらなる小型化に挑戦する際には、人の力が必要になります。小さな部材を扱える工具や、組立に必要な治具を、新たに考えて創り出さなければなりません。

　手先の器用さも必要ですが、このような創意工夫ができなければ成功には至りません。失敗も多くつらい作業ですが、少しでも好きと思える部分を見つけて、好きなところを深掘りしていける自由度を現場に与えています。

　従業員の裁量が大きくなることで楽しさが増し、それがさらなる創造性を生んで、超小型のカメラモジュールという自社製品の開発につながりました。ノードとして、その機能を拡張するとともに、現場の創造性を高めることで、ハブ的に市場に向けて自社製品の提案ができるようになってきました。

　この事例から見えてくるキーワードは、①**普遍的ニーズに応え続けること**、②**精密加工工程の機械化**、③**現場の創造力**です。

　普遍的ニーズとは、この事例のような小型化や省エネ、低価格、環境安全など、工業製品の多くに共通して求められる特性です。さまざまな分野で、共通したニーズに取り組むと、技術の幅が広がり

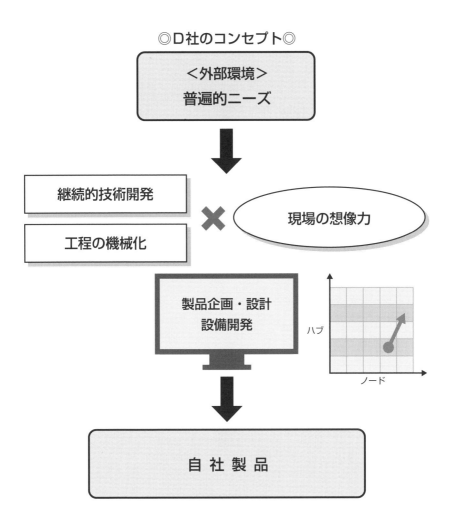

◎D社のコンセプト◎

<外部環境>
普遍的ニーズ

継続的技術開発

工程の機械化

×

現場の想像力

製品企画・設計
設備開発

ハブ

ノード

自社製品

ます。

　微細加工や精密組立は、工業的生産量を考慮すると、機械化は避けられません。設備に技術と技能をもたせることができれば、長時間稼働や品質の安定化につながります。

　現場の創造力は、付加価値の源泉です。個人が自由に挑戦できる環境から、創造的な成果が生まれます。単価の安いモジュールや電子回路だと経済的リスクが低いので、試行錯誤を重ねやすいでしょう。

# 2-15

## 事例⑤
## ワンストップサービスを提供するE社

### リアルな製品の品質保証ができるかがポイント

　半導体製造で使われる精密部品を扱うE社は、顧客の多様なニーズにワンストップで対応できるよう、協力工場との情報連携を強化しています。

　もともとは、機械加工の受託を行なっていましたが、計測器の販売も手がけるようになり、近隣の町工場との付き合いが増えました。それがきっかけで、営業力の弱い小規模な町工場をネットワーク化して助けることとしたのが、ワンストップサービスの始まりです。

　E社が協力会社に代わって営業を行なうとともに、設計や品質保証、特に、定量的検査が難しい表面品質に注力することで、高付加価値化につながっています。そこでは、ワンストップ相談という入口の便利さだけではなく、品質保証という出口も重視されています。そのために、高精度の測定器を導入しています。

　安心感のあるワンストップサービスを提供するには、バーチャルな一貫生産体制だけでなく、リアルな製品の品質保証ができるかもポイントになります。それを実現するには、先端デジタル技術を用いた検査装置の活用のほか、不良品の損失を自社で引き受けることや、協力工場の品質向上のための設計や生産技術の改善活動を、ネットワークのハブとなって行なうことが欠かせません。

　この事例から見えてくるキーワードは、①ネットワークを代表した品質保証、②先端の検査装置、③デジタルデータの共有です。

　品質保証は、技術なのです。製造業をたばねるだけの代理店（商社）では、簡単に担えない機能です。注文を受けるからには、入口と出口に責任をもって担うのが町工場ネットワークのハブ機能です。それがあるから、顧客と交渉ができるのです。

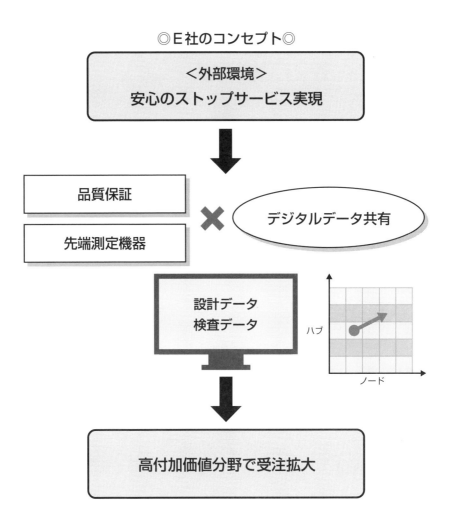

◎E社のコンセプト◎

近年、先端的デジタル技術を駆使した測定・検査装置が利用しやすくなってきました。特に、数値化するのが難しかった外観検査などで生産性が向上して、大きな効果が得られています。

メーカーとしてバーチャル一貫体制をつなぐのは情報です。顧客も含めたネットワーク情報は、ビジネスチャットツールで、関係者がデジタルのまま共有すれば、伝達のミスを少なくでき、品質の確保につながります。

# 2-16

## めざすべき町工場の姿とは

### 顧客とのコミュニケーションは必須

　いくつか事例を見てきましたが、どれもノードとハブの連携マトリックスのなかで、ハブの機能が高まる方向に動いているのがわかります。ノードを強くした結果、ハブも強くなるケースが多く、内部ＤＸが進んで正確なデータをもとにして未来を予測できるようになると、顧客とのコミュニケーションは円滑になります。

　そもそも変化の速い**外部環境についていけなかった窓口機能と内部構造**があったわけです。だから構造ができれば顧客と未来の話ができるということです。

　いくら未来の話ができるようになっても、実現可能性の低いものでは話になりません。そこで問われるのは、出口を保証できるかということになります。ものづくりの町工場ですから、品質はもちろん、納期や価格、一定期間の供給能力やアフターサービスなどもあります。価格の問題は、一時的なら赤字覚悟で無理を聞くことができるでしょうが、品質と納期の安請け合いは危険です。これらで問題を起こすと、損害賠償という大問題につながりかねません。

　したがって、販路開拓のために顧客に提案をしようとする町工場は、ＤＸを駆使して、**正確なデジタルデータを素早く収集、蓄積し、シミュレーションなどに利用**できなければなりません。内部ＤＸであれば自社の人と設備の状況把握、外部ＤＸにおいては設計や生産管理情報のデジタル共有などが必要となってきます。

　ノードとハブの視点に戻り、どちらに軸足を置くのがよいのかを考えてみましょう。極端な例ではありますが、毎朝ほぼ一定の部品が軒先に置かれ、受け取った部品にメッキをかけ、夕方に軒先に置いておけば引き取られるといった町工場が存在します。

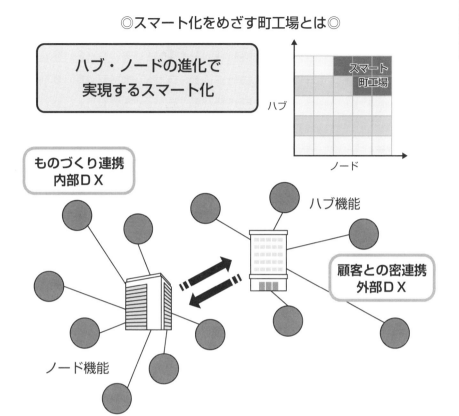

◎スマート化をめざす町工場とは◎

ハブ・ノードの進化で
実現するスマート化

スマート
町工場

ハブ

ノード

ものづくり連携
内部ＤＸ

ハブ機能

顧客との密連携
外部ＤＸ

ノード機能

　顧客とのコミュニケーションがほとんどいらないものづくりですが、いつまでも続くものではありません。どこかで次の注文や新しい顧客との交渉が必要になってきます。つまり、どんなにノードに特化しても、顧客とのコミュニケーションは必須ということです。そして、これをいかに上手に行なえるかが、注文を取り続けることにかかっています。

　一般的には、ハブ機能が弱いのが町工場です。したがって、**町工場がめざすスマートな姿は、ハブ的な機能が高い状態である**といえます。

　３章で自社のスマート度を診断できるので、それを参考にしてハブのレベルを上げる取組みに挑戦してもらえると思います。

# ネット印刷とは

　リアルな現場がある製造業のDXは、難しそうに思われがちですが、製造業の1つである印刷業は劇的に変化しています。それが、名刺やパンフレットの印刷を、24時間いつでも受け付けて、少量でも破格の値段で作成してくれる「ネット印刷」です。

　法人から個人まで、どんな顧客とも直接取引ができ、決済も簡単です。ワードやパワーポイントなど、ふだん使っているビジネスソフトで原稿を制作して、ＷＥＢのフォームにアップロードすれば入稿できます。無料のデザインテンプレートも豊富に用意されていて、大変便利なシステムになっています。

　ネット印刷では、印刷データのチェックで多少のコミュニケーションが生じますが、ほとんどの取引条件は規定のフォームで選択して、交渉はできないまま見積りが提示されます。ハブの機能が強化された先の究極の姿かもしれません。

　ネット印刷は、短納期を売りにしているためほとんどが内製です。見積りから出荷まで、デジタルデータをシームレスに連携して一貫生産を行なっており、ノード機能としても究極に近いのではないでしょうか。

　ネット印刷のビジネスモデルは、少ない部数の出版を行ないたいけど受けてくれる印刷業者がないという地方の困りごとに対して、同人誌など、少部数の印刷・製本を行なっていた印刷業者が、紙質や部数に応じた価格表をベースとした受注方式と、キャッシュレス決済で対応したのが始まりといわれています。

　少量多品種の金属加工などでも、設計テンプレートと数量を選択すれば、ネット注文で受けられるような時代が来ています。見積りの部分がまだ難しく、専門業者がプラットフォーム化していますが、近いうちに直接対応できる町工場が現われることを期待します。

# 3章

自社の「スマート度」を
計測しよう

Smart Factory

執筆 ◎ 片岡 英明

# 3-1
## 自社の姿を 客観的に測定してみよう

### 🏭 DXはスマート町工場にとっても導入すべき必須要素

「町工場」が「スマート町工場」へと脱皮するためには、DXは避けて通れません。一方で、現在のDXは、大企業中心に進められており、町工場にとってはどこか別世界の話のように聞こえるのではないでしょうか。DXは、単なる手段や方法ではなく、デジタル技術を活用して顧客と自社とのコミュニケーションを実現し、顧客の価値を共につくり上げることを目標にしています。

2章で述べたように、ハブ／ノードシステムは「顧客起点で生産・出荷までのシームレス化」をめざしています。この観点からも、DXはスマート町工場にとっても導入すべき必須要素となるでしょう。

スマート町工場へと変わるために、次項から自社の実力・能力を自身で客観的に測定するための「診断表」を用意しました。診断項目ごとにレベルを診断でき、レベルアップの方向がわかります。

【診断項目】

スマート町工場に求められる機能について、現時点での自社の状況を診断できるよう診断項目を設定しました。取り上げるのは、次ページの「診断評価まとめ表」の診断項目に示した8項目で、2ページを1セットとして包括的に診断可能です。

【レベル診断の対象…「しくみ」と「利活用・運用」】

DXが機能するスマート町工場であるためには、

① しくみ…必要なシステムやツール、体制が整備されている
② 利活用・運用…収集したデータの分析により、問題点の解決や改善が行なえる

ことが必要です。この2つを分けてレベルを診断します。

【レベル】

8つの診断項目と2つの診断対象に対して、5段階に区分して各項目の診断評価基準表を参考に、自社の状況を判断して記入します。

| レベル | 自社の状況 |
|---|---|
| レベル1 | これから体制を整備する初期段階 |
| レベル2 | 体制整備を実施しているが途上段階 |
| レベル3 | DXを進めるために必要なレベルであり、ノードとなるスマート町工場に必要な技術・技能レベルになっている |
| レベル4 | DXを進めているが改善の余地あり |
| レベル5 | 実現可能な理想のDX状態 |

【診断評価まとめ表】

診断結果を3−10項の「診断評価まとめ表」にプロットすると、自社の実力・能力が一目でわかります。この診断表の活用方法も、3−10項で紹介します。

| | 診断項目 | しくみ 自社レベル | 利活用・運用 自社レベル |
|---|---|---|---|
| 3-2 | 人材育成 | 1 3 5 | 1 3 5 |
| 3-3 | 工程管理スキル | 1 3 5 | 1 3 5 |
| 3-4 | チーム力 | 1 3 5 | 1 3 5 |
| 3-5 | 原価管理 | 1 3 5 | 1 3 5 |
| 3-6 | 生産管理 | 1 3 5 | 1 3 5 |
| 3-7 | モノの管理 | 1 3 5 | 1 3 5 |
| 3-8 | 内部DX | 1 3 5 | 1 3 5 |
| 3-9 | 外部DX | 1 3 5 | 1 3 5 |

# 3-2

# 人材育成の診断のしかた

　町工場にとって、人材確保は悩みのタネになっています。その解決策は、自社の人材育成のしくみをもち、従業員と共有化できていることです。そのためには、会社の未来、自分自身の成長、楽しく働ける職場を自ら築いてもらえる人材の育成計画が必要です。さらに、その育成計画を会社全体で議論し、実行するしくみもつくり上げます。それができれば就職希望者にも伝わり、優秀な人材確保にもつながるはずです。

## ▐ 診断のポイント

　人材の採用・育成は、戦略的に短期・長期の両方を考えます。ＤＸの推進により、環境や顧客の変化に対応して自社を柔軟に変化させます。会社のビジョンを実現する人材の育成・教育システムをめざします。

【レベル１】…徒弟制度の時代の育成方法です。指導員のやり方に任せ、指導員は勘と経験で育成します。人と人との信頼関係だけで成立しています。育成計画と教育システムをつくりましょう。

【レベル２】ＯＪＴ中心のプログラムをもち、技術・技能の継承を進めます。ある程度の技能レベルの見える化・共有化はできています。知識や技能の応用力を育てる教育プログラムを作成しましょう。

【レベル３】育成計画や教育システムをもち、個人の育成状況も把握できています。ＤＸを有効利用するための新業務への対応力もついているでしょう。いよいよＤＸ導入の検討を始めましょう。

【レベル４】自社のＤＸについて導入を図っています。システムを取捨選択しながら効率的に自社の能力を高めています。個人のデ

## ◎「人材育成」の診断事項◎

| レベル | しくみ | チェック | 利活用・運用 | チェック |
|---|---|---|---|---|
| レベル1 | ●短時間の新入社員教育のみ<br>●それ以降は必要に応じて先輩が教える、または先輩のやっていることを見て学ぶ | | ●上司や、ベテランが感覚で各人に業務を割り振っている<br>●計画的な運用ができなくて納期遅延等が発生する | |
| レベル2 | ●OJTのリストが準備されている<br>●個人の希望と職場の状況から新たなOJTを開始する<br>●個人の達成レベルの記録がある | | ●個人のOJT達成レベルをみて、業務を割り当てる<br>●個人スキルの過不足が見えるので、育成計画を立てている | |
| レベル3 | ●全作業の作業標準を決めている<br>●3～5年の育成計画があり、考課とリンクしている<br>●資格試験への挑戦も促している | | ●現有の戦力が見える化できている<br>●社員の入社時に育成計画を示すことで定着率を上げている | |
| レベル4 | ●IoTや各部門の管理システムについてDXの外部研修に参加し、必要に応じて外部専門家に相談している | | ●外部研修の参加者が中心となって自社に適したシステム案を作成し、社員育成計画案を作成・改善している | |
| レベル5 | ●社外と連携してDXを進めている<br>●会社の目標に沿って各部門、各階層のDX教育・実行プログラムがある | | ●各個人の達成目標とその進捗が見える化できている<br>●育成計画の改善が進んでいる | |

ータベースが整ってきて人材評価にも活用しています。

【レベル5】DX化をバネとして自社の強みを一層強化し、個人や職場ではやる気や活気が満ちています。職場全体で自社の取組みを常に前進させている風土がつくられています。

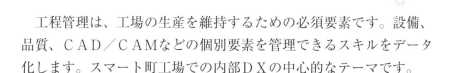

# 工程管理スキルの診断のしかた

3-3

　工程管理は、工場の生産を維持するための必須要素です。設備、品質、ＣＡＤ／ＣＡＭなどの個別要素を管理できるスキルをデータ化します。スマート町工場での内部ＤＸの中心的なテーマです。

## 診断のポイント

　工程管理の診断ポイントは、次の標準化の程度です。
- **設備管理**…ＴＰＭ７ステップによる標準化
「ＴＰＭ」（Total Productive Maintenance）とは、全員参加で生産現場の改善を行なうことです。
- **品質管理**…ＱＣ工程図にもとづく検査項目や検査方法の標準化
ＧＯ／ＮＧの判断基準の標準化
- **ＣＡＤ／ＣＡＭ**…利用状況、データベースの共有状況

【レベル１】　２次元ＣＡＤ／ＣＡＭの導入など、正確な図面を生産現場でも参照していますが、デジタル化は不十分です。５Ｓも不十分です。ＱＣ工程図、設備管理ルールも簡単なルール化が存在するだけです。

【レベル２】　標準化が進んでいて、オペレーターも工程管理活動に参画し始めています。工程管理業務が生産活動に組み込まれています。ＣＡＭデータもＣＡＤ側で作成しています。

【レベル３】　作業や管理方法が標準化されていて、担当部署全員が理解し、業務に支障はありません。担当者が異動しても管理や生産に影響はありません。現場での作業指示は紙ベースが中心です。

【レベル４】　ＩｏＴによる管理データの収集と分析を開始し、関係者でデータを見ながら故障解析や改善の打ち合わせに慣れてきました。その結果、設備故障や品質故障の予防につながっています。

## ◎「工程管理スキル」の診断事項◎

| レベル | しくみ | チェック | 利活用・運用 | チェック |
|---|---|---|---|---|
| レベル1 | ● 2S（整理と整頓）の実施体制を構築<br>● 初期のQC工程表はある<br>● 2D-CADにより、部品図を展開できる<br>● CAM（NC）データは現場で作成する | | ● 異常に気づいたときに、設備メーカーに出張保全や修理を依頼する | |
| レベル2 | ● 日常点検ルールやマニュアルを整備済<br>● 3S（+清掃）の実施体制構築<br>● QC工程表と検査標準を整備中<br>● 2D-CAD／CAMを駆使している | | ● 設備メーカーと協力して保全計画を作成・実施する<br>● 軽度の異常は現場で修復できる | |
| レベル3 | ● TPMを導入、実施体制を構築し、現場管理内容を標準化できる<br>● QC工程表と検査標準を整備済<br>● 3D-CAD／CAMを導入・構築 | | ● 自主点検化し、異常履歴や頻度等を見える化して改善案を検討する<br>● 品質検査データを基に改善を検討できる<br>● モニター上で加工能率を検討できる | |
| レベル4 | ● 一部の設備でIoTによる工程や品質のデータの収集やモニターによる分析表示を開始 | | ● 社内のどこでもデータをチェックできる<br>● 稼働目標（良品率、稼働率…）を設定し、実績と比較する | |
| レベル5 | ● IoT化を進め、全工程と品質のデータ収集と分析をペーパーレス化<br>● 他社とのデータ共有を導入 | | ● 全社で同じデータを見て改善のサイクルを回す<br>● 他社とのデータ共有により一体となって生産活動する | |

【レベル5】…工程管理が生産活動にしっかり組み込まれ、全社で生産状況・実績結果・取引先とのデータを共有できています。維持だけではなく、工程管理システム全体の改善を進めています。

# 3-4

## チーム力の診断のしかた

　町工場が力を発揮する要素の1つに「チーム力」があります。全体最適のためのシステム・業務の改善活動は重要なエンジンです。改善活動は、個人の力だけではなく関係部署がチームとして力を発揮して課題解決します。小集団活動など現場活動をデータ化することをめざします。ふつうMRP（資材所要量計画）では、組織や人の活力をデータ化する発想はありませんが、本書では管理していくべきデータとして提案しています。

### 診断のポイント

　チームとして成果を出すしくみやプロセスの有効性を見ます。QCサークルの進め方などでチームの成果（プロジェクト管理手法を用いて）を蓄積します。

【レベル1】小集団活動や問題解決手法の考え方、実務への適用を学んでいます。外部講師によるリーダー育成プログラムを利用すると、小集団の目標設定方法や運営方法を学ぶことができます。

【レベル2】学習済みのリーダーが職場でチームを編成し、考え方や技法を広めて、職場改善のツールとして使って成果を得ています。引き続き、社内で共通言語、共通意識を育てましょう。

【レベル3】会社全体で考え方や技法が共有・定着化できています。部署間の横断チームが生産のしくみにかかわるテーマを設定する活動をはじめられるよう、準備しましょう。

【レベル4】部署間横断のQCD改善をテーマとしたチームが活発に活動しています。DX導入検討チームも会社にあったDXを検討し、導入を準備しましょう。

【レベル5】チーム活動の延長上にDXを利用したテーマを設定し、

## ◎「チーム力」の診断事項◎

| レベル | しくみ | チェック | 利活用・運用 | チェック |
|---|---|---|---|---|
| レベル1 | ●業務の一環としてチームをつくり、QCの考え方や解決手法を学んでいる | | ●1チームを先行して実施し、成果を得て社内に広げる | |
| レベル2 | ●リーダーのもと、職場でチームを編成できる<br>●小集団活動の進め方の教科書がある | | ●取り組みやすく成果の見えるテーマを取り上げ、社内に浸透させている | |
| レベル3 | ●会社全体で推進体制をつくっている<br>●部署間横断チームの編成方法の準備中 | | ●QCサークルやPDCAが定着し、異なる部署の人とも改善を話し合える | |
| レベル4 | ●QCD改善を目標とした横断チームをプロジェクトとして編成<br>●DX導入チームを編成 | | ●会社全体の問題をテーマとして設定している<br>●DXを自社に取り入れるメリットを言語化している | |
| レベル5 | ●社外とも連携してチーム活動ができている | | ●会社全体にDXの成果をもたらしている | |

＜QCサークル＞現場で発見した問題を自主的に議論し、実行して解決することをゴールとする活動（品質問題が発端）。
＜PDCAサイクル＞Plan（計画）、Do（実行）、Check（評価）、Action（改善）のサイクルを回し、問題を解決する技法。

　成果を得ています。社外との連携も図られていて、生産システム全体で自律的に改善が図られています。

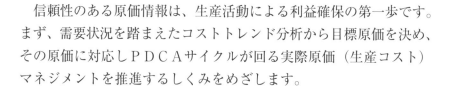

# 原価管理の診断のしかた

**3-5**

信頼性のある原価情報は、生産活動による利益確保の第一歩です。まず、需要状況を踏まえたコストトレンド分析から目標原価を決め、その原価に対応しPDCAサイクルが回る実際原価（生産コスト）マネジメントを推進するしくみをめざします。

## 診断のポイント

原価管理のしくみ・プロセスとその成果を診断します。具体的には、以下の3点です。

① **安定した利益確保のしくみと実効性があるか**

② **工場の生産性向上の見える化ができているか**

③ **製品別、工程別の採算管理ができているか**

【レベル1】目標原価も実績原価も、そして見積り精度も属人化しています。現在は改善課題が発見できない状態です。原価の算出方法を標準化して、改善を検討しましょう。

【レベル2】固定費・変動費・共通費に分けた賃率が設定してあり、工場で管理します。合計の実績原価はかなり正確に算出できますから、製品別・工程別に分解しましょう。

【レベル3】基本的な原価管理ができています。各部門や工場全体の損益も計算可能です。DXの導入時には、原価情報のペーパーレス化を進めましょう。

【レベル4】原価情報をデータベース管理として見える化ができています。ここまでくると、DXの推進は成果やしくみの改善につながります。

【レベル5】需要予測から原価設定、その管理まで一括管理ができ

## ◎「原価管理」の診断事項◎

| レベル | しくみ | チェック | 利活用・運用 | チェック |
|---|---|---|---|---|
| レベル 1 | ●工場の賃率はドンブリ勘定<br>●製品コストの計算はできるが、信頼性は低い | | ●見積りは賃率を参考にして、ベテランの感覚で決めており、属人化している | |
| レベル 2 | ●経費の固変分解ができている<br>●これをもとに、原価表（賃率）も作成済み | | ●実績値と比較でき、管理データを計算できる | |
| レベル 3 | ●製品別、工程別の原価資料を計算している<br>●必要部門には原価データが開示されている | | ●データをもとに原価管理ができ、改善活動ができる<br>●生産性の期ごとの推移が公表され、向上が見える化できている | |
| レベル 4 | ●原価情報がデータベース化され、必要部門に開示されている<br>●自社に合ったＤＸの検討が始まっている | | ●原価目標と実績の対比が各部署の改善プロセスに組み込まれている | |
| レベル 5 | ●需要予測から原価を企画するしくみをもつ<br>●原価の予実管理や改善目標設定のしくみをもつ | | ●管理だけでなく、コスト戦略設定にも寄与している | |

ています。コスト戦略が強力に企画・推進されています。変動する需要にタイムリーに対応しましょう。

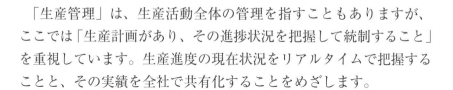

# 3-6

# 生産管理の診断のしかた

「生産管理」は、生産活動全体の管理を指すこともありますが、ここでは「生産計画があり、その進捗状況を把握して統制すること」を重視しています。生産進度の現在状況をリアルタイムで把握することと、その実績を全社で共有化することをめざします。

## 診断のポイント

生産管理プロセスと活用状況を、主に次の3点で診断します。
①生産計画があるか
②どのような情報を基準として計画を作成しているか
③生産計画の活用方法と修正方法が定着しているか

【レベル1】現場では、指示のあった受注部品を早く仕上げることに専心しています。納期よりも早く完成して手待ちになったり、納期遅れが発生したりしています。日次・月次の生産計画を立てましょう。

【レベル2】生産計画は立てていますが、計画と進捗の対比は現場管理です。発注者からの問い合わせや納期の催促等に現場で対応しています。生産管理のしくみをつくり、現場の負担を軽くしましょう。

【レベル3】発注者から予定を聞き出して確度の高い生産計画をつくっています。生産進捗状況を見える化し、関係者に進捗を開示しています。DX化の準備を始めましょう。成果が期待できます。

【レベル4】月単位以上の生産計画から日単位への展開ができており、計画基準で生産が進み、受注変動や変更にも対応できています。ノードの機能はほぼ完璧に取り入れられています。ハブ機能の取

## ◎「生産管理」の診断事項◎

| レベル | しくみ | チェック | 利活用・運用 | チェック |
|---|---|---|---|---|
| レベル1 | ●受注時に材料を手配する<br>●特に生産計画はなく、受注順に現場で工程投入する | | ●材料手配が間に合わない等、納期がわからず納期遅れもしばしば発生する | |
| レベル2 | ●生産計画を立てているが、詳細は現場任せ<br>●生産進度板が現場にあり、進度を見える化している | | ●計画にもとづく進捗管理の手段はない<br>●現場で独自に結果管理している | |
| レベル3 | ●月単位の生産計画があり、日程計画に分解されている<br>●進捗管理を見える化している | | ●発注者と協力して予定を立て、納期を設定する<br>●計画は日々更新して変動に対応している | |
| レベル4 | ●生産管理とその進捗（日程）管理がIT化されて各部署で確認できる<br>●受注や生産の変動対応も計画業務に組み込まれている | | ●生産資源情報の共有により、予備資源の設定等、変動対応の原資を確保できている | |
| レベル5 | ●発注者の受注予測を含めて生産計画が一元管理されている<br>●生産活動の全要素が見える化され、各部署で参照可能である | | ●顧客情報をもとに生産計画が設定されており、計画変動予測や対応が円滑である | |

り込みを考えてみましょう。

【レベル5】発注者の需要予測を取り込んで数か月先の生産予測を立てています。受注変動の対応は毎日行なわれ、納期遅れを出しません。新規の製品や取引先の要望を入れて、ハブ／ノードシステムをレベルアップしてゆきましょう。

# 3-7

# モノの管理の診断のしかた

　製造業は、原材料を製品へと変化させる業態ですから、実体としてのモノの管理は重要です。そして、生産活動の上流から順に、資材管理、社内物流管理、在庫管理、出荷管理が必要です。いわゆるＭＲＰ（資材所要量計画）の実現をめざします。

## 診断のポイント

　モノの管理方法と活用状況を診断します。ここでも標準化と見える化が大きなポイントです。

【レベル１】モノの管理は場当たり的で、担当者は決めているが、協力体制がないので管理まで手が回りません。管理方法を決めて使用部門の協力を得ましょう。

【レベル２】管理基準を設定していますが、人手の管理であり、徹底されていません。簡単便利な管理方法と、重要物品については棚卸しの定常化で対応しましょう。

【レベル３】社内教育により、モノの管理に対する意識が向上し、改善されています。モノの把握がほとんどできています。人手に頼るモノの管理は限界が近いので、ＩoＴ等の自動係数等を考えましょう。

【レベル４】ＩＴシステム導入により、生産計画とリンクできました。現在のモノの管理状況の見える化ができ、改善意識も高くなっています。モノの情報を必要とする他のシステムとの積極的な連携を進めましょう。

【レベル５】モノの一元管理ができ、モノの移動の最小化や在庫のスリム化等の成果が得られています。全体最適のモノの管理をめざしましょう。

## ◎「モノの管理」の診断事項◎

| レベル | しくみ | チェック | 利活用・運用 | チェック |
|---|---|---|---|---|
| レベル1 | ● 人手の処理に頼る<br>● 担当者は欠品懸念のために在庫を手厚くしている | | ● モノの管理不備は担当者のミスと認識されていて、協力体制が希薄 | |
| レベル2 | ● 担当者を置き、マニュアルで管理している<br>● 資材や在庫状態のチェックは人手中心である | | ● 管理に協力する部署では、欠品や不要在庫は少ない | |
| レベル3 | ● モノの管理の社内教育プログラムがある<br>● 購買／在庫／出荷の状況を見える化している | | ● モノの流れが確認でき、各部署で改善意欲が向上している<br>● 必要なときに必要なモノが準備できている | |
| レベル4 | ● IoTの利用により、生産計画とリンクしたシステム化ができている<br>● 発注方式の標準化も定着している | | ● 在庫削減や部品の標準化等、全社最適への取組みがはじまった | |
| レベル5 | ● 設計から現場、出荷までのモノの管理を一元化している | | ● 少量多品種生産にも対応できる短納期化、スリム化を達成している | |

# 3-8

# 内部ＤＸの診断のしかた

　内部ＤＸとは、自社内の情報をＩＴ技術により結合することで、顧客価値を向上させることを指しています。一般的には、生産現場の遂行情報を自動収集するＩoＴ技術と生産計画遂行のための管理システムを結合して、ものづくり現場のリアルな姿を常時見えることをめざします。

## 診断のポイント

　ＩoＴ機器が整っていることは必要ですが、そのデータを利用して価値を高める取組みが伴っているかを診断します。

【レベル１】　ＩoＴデータの収集の重要性の理解から始めます。多品種少量生産では、人手による管理は難しくなっています。必要な情報の選別とＩoＴ収集化を図りましょう。

【レベル２】　新規設備でＩoＴによるデータ収集を一部試行し、見える化できたデータをもとに管理技法を見直しています。成果を確認して既存設備も含めて展開しましょう。

【レベル３】　ＩoＴによるデータ収集を全面導入し、計画と実績の差異の見える化や原因分析に活用しています。ＤＸを導入して社内ネットワークの構築による成果の最大化を狙いましょう。

【レベル４】　ＩoＴデータを原価管理や生産管理のシステムと対比し、リアルタイムで差異の有無を確認して、生産統制しています。異常発生時のアラーム発出や異常時の対応等もシステムから発信しましょう。

【レベル５】　管理システムでＩoＴデータを取り込み、生産計画からの作業指示や予実管理を行なっています。システムの維持・改善をやり続けるしくみを構築しましょう。

## ◎「内部ＤＸ」の診断事項◎

| レベル | しくみ | チェック | 利活用・運用 | チェック |
|---|---|---|---|---|
| レベル1 | ●現場記録は製作図や伝票に手書きしている<br>●製作完了後、製作情報は取引先別にファイルしている | | ●集計の手間が必要になるが、月次の検討会等でまとめデータを紹介している | |
| レベル2 | ●新規設備から現場管理データをＩoＴで収集し、リアルタイムで見える化している | | ●工程の改善案は試行後、すぐに効果測定できる<br>●効果のある改善案をデータで選ぶことができる | |
| レベル3 | ●既存設備の現場管理データもＩoＴ化し、見える化している<br>●生産計画の変更も現場から提案できる | | ●生産計画と管理データとの乖離分析による工程改善を進めている | |
| レベル4 | ●全社で計画と実績との対比がリアルタイムで確認可能である<br>●関連部門にデータが開示されている | | ●生産統制が機能し、チェック漏れの発見や納期遅れの対応が早くなっている | |
| レベル5 | ●生産指示と生産統制をシステムで行なっている<br>●ＱＣＤの予実管理データが見える化できている | | ●システム情報とリアル情報が同期しているため、混乱なく生産統制できている | |

# 3-9

## 外部ＤＸの診断のしかた

　外部ＤＸは、顧客価値の向上を図るツールで、ハブ／ノードシステムの基盤です。スマート町工場は、顧客要求に応えるために、自社だけでなく、協力会社の情報も含めたワンストップ体制で大きな力となることをめざします。本書では、自社内部も顧客に見える化し、自社内部にも顧客のカルテを保持して、密な関係性を築くことをめざします。

### 診断のポイント

　取引先とのコミュニケーションに注目します。お互いがデータを出し合い、連携の成果を向上させる取組みにつなげます。

【レベル１】情報は、紙ベースでやり取りしています。連携先と同じデータを見て検討することはできていません。まず、デジタル技術の活用により、社内のデータ共有化を進めましょう。

【レベル２】ＣＡＤ／ＣＡＭデータや出荷予定情報等、一部のデータ連携が始まっています。問い合わせ回数が減少し、協力関係がつくられています。取引先とのネットワーク構築の可能性を検討しましょう。

【レベル３】企業間のデータ連携が始まっています。連携システム構築により、顧客価値向上への一元対応化が進んでいます。一歩進めてシステム連携の可能性を検討しましょう。

【レベル４】企業間連携で得られた共有データの効果的な使い方の検討が始まっています。ハブ／ノードシステムの完成をめざしましょう。

【レベル５】顧客情報にもとづく需要予測から生産計画作成・実行・出荷まで、シームレスな生産体制を実現しています。定期的な見

## ◎「外部DX」の診断事項◎

| レベル | しくみ | チェック | 利活用・運用 | チェック |
|---|---|---|---|---|
| レベル1 | ●取引先との連絡手段は電話、FAX、メールである<br>●大部分の情報は連絡を受けた担当者や担当部門に留まっている | | ●紙ベースで情報を共有し、打ち合わせている<br>●社内の情報は各部門のシステムに転記・保管されている | |
| レベル2 | ●CAD／CAM情報の一部は、社外とデータで共有している<br>●一部の生産情報は取引先と共有している | | ●製作情報は図面のCADデータで確認して、情報共有している<br>●生産進捗は取引先でも確認できるため、問い合わせが減った | |
| レベル3 | ●連携する取引先と共有するデータやその形式・方法を決めて、テストを始めている | | ●連携する取引先と、社内と同じようにデータをもとに打ち合わせできる | |
| レベル4 | ●一部のシステムが取引先とつながり、リアルタイムでデータ共有を始めている | | ●つながったシステムでは転記作業が不要になり、記載内容の確認工数が大幅に短縮された | |
| レベル5 | ●連携する取引先と双方向でデータを共有している | | ●需要予測にもとづく見積作成、生産計画への展開等に活用されている | |

直しによりハブ／ノードシステムの改善を進めます。

# 3-10

## 評価と改善の進め方

 **評価の進め方**

　ここまで見てくれば、次に全社で何をやるべきか優先順位は決まるはずです。社内の全員で診断すると、考え方や懸念等の相互理解が進み、方針を立てやすくなり、行動に移しやすくなります。社内全員で診断する場合はリーダーを決めて、社内の各部署の社員や管理職がそれぞれの職階で集まって診断表にもとづいて診断します。

①各評価者に診断評価基準表（計8枚）を配布します。「診断評価まとめ表」は全員が同じものを見るようにします。

②リーダーは診断評価基準表のシートを指定し、評価者は基準にしたがって自社のレベルをチェックします。

③リーダーは各評価者のレベル値を確認します。全員一致であれば決定します。異なる場合は理由を尋ね、意思の集約を図りますが、難しければ併記します。

④診断評価まとめ表にレベル値をプロットします。

⑤同様に計8項目を診断評価し、平均値を計算してプロットします。

**改善の進め方**

　それぞれのグループのまとめ表が揃ったら、全体で集まって眺めます。部署や職階により自社のレベルの判断が違わないか、を認識するところから始め、さまざまな意見を聞いて理解しあい、改善のための意思統一につなげます。

　平均点が2点以下なら、DX導入の前に社内でなすべきことがたくさんある、ということでしょう。もし3点以上なら、DXの導入を具体化すべきです。次の目標は、診断評価基準表の現在のレベルの1つ上の段階なので、診断のポイントとともに自社の改善案づく

## ◎「診断評価まとめ表」のサンプル◎

| | 診断項目 | しくみ<br>自社レベル | 利活用・運用<br>自社レベル |
|---|---|---|---|
| 3-2 | 人材育成 | 1　　3　　5 | 1　　3　　5 |
| 3-3 | 工程管理スキル | 1　　3　　5 | 1　　3　　5 |
| 3-4 | チーム力 | 1　　3　　5 | 1　　3　　5 |
| 3-5 | 原価管理 | 1　　3　　5 | 1　　3　　5 |
| 3-6 | 生産管理 | 1　　3　　5 | 1　　3　　5 |
| 3-7 | モノの管理 | 1　　3　　5 | 1　　3　　5 |
| 3-8 | 内部DX | 1　　3　　5 | 1　　3　　5 |
| 3-9 | 外部DX | 1　　3　　5 | 1　　3　　5 |
| | 平均 | 1　　3　　5 | 1　　3　　5 |

りに役立ててください。

　点数が低くても、落胆する必要はありません。むしろ、目の前に「宝の山」があるのだから、それを掘り出す具体策を課題にすれば改善が進められる、ととらえましょう。

# 3-11

## 目標設定と遂行のしくみ

### 社長を交えた全社で検討して結論を出す

　スマート化診断の目標は、経営目標の達成にほかなりません。自社の客観的な評価を通して、目標と現実のギャップを知り、企業の課題を見出します。

　本気で会社を変えたいのであれば当然、社長以下全社で一丸となった体制でなければ意味がありません。やるべきことはたくさんあるでしょうが、社長を交えた全社で検討することで結論が出る過程に参加するので、社員各自も自分の役割に納得できるでしょう。

#### ①目標の設定

　スマート化のプロセスは経営目標・経営計画に決めておかなくてはなりません。目標が達成されたら、自社にとって何が変わり、どのようないい会社になるか、検討会の参加者でイメージを合わせます。そのうえでイメージを具現化するための個別目標を設定します。どんな目標でも、具体的・定量的に設定しなければなりません。

ａ）早期に大幅にコストを下げる ⇒ ×

ｂ）2023年10月までに30％以上コストを下げる ⇒ ○

　課題の抽出や遂行は、数字にしないと達成したかどうかわかりません。また、数字でないと課題も見えてきません。

#### ②課題の抽出

　目標が達成されたと仮定して、その視点から現状を見て課題をあげます。高い目標をもって現状を見ると、大きな課題が抽出しやすくなります。ブームに流されないで、自社にとって本当に有効なデジタル技術の導入も加速するでしょう。

#### ③遂行のしくみ

　社長直轄のプロジェクトチームによる課題解決が必要です。高い

## ◎検討から遂行に至るプロセス◎

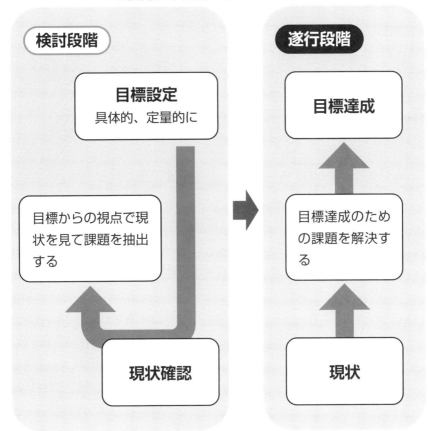

目標を達成するには、会社のあり方を変える必要があります。社長をはじめ、社内の意思を統一しないと、担当者の頑張りだけでは届きません。社長も出席する定期的な報告検討会により、社内を巻き込んで会社を変えるのです。

　スマート化は、会社のあり方を大きく変えるはずです。遂行にはいろいろな困難が生じるでしょう。目標達成時のよいイメージが共有化できていれば、協力して必ず乗り越えられます。本書も活用して、新たなステージに進まれることを期待しています。

# スマート町工場の未来は？

　時間軸で考えると、過去に人間がイメージしたことは、だいたいは未来で実現しています。壁掛けテレビは1960年代からＳＦコミックの定番でしたし、同時代のＳＦドラマの「スタートレック」（和名：宇宙大作戦）では、乗組員の報告書はタブレット端末で艦長承認を受けていました。半世紀を経て、いまやごく普通に実現できています。どうやら、具体的にイメージできて「いいね」と思えば、世の中はそれに向けて進んでいくようです。

　製造業でいえば、無人工場もＳＦでよく出てくるアイテムです。未来のスマート工場は、どうなっているか、自由なイメージを膨らませてみませんか？　私はこんな創作イメージ（？）をつくってみました。いま考えられることは、半世紀もかからず実現できるかもしれませんね。

---

　何をつくるか、が製造業の存在理由になっているので、ハブ機能が進化して、何かをつくりたい人の相談に応じています。ある程度の具体化ができたら、すぐにハブはつながるノードに逐次情報を流し、生産システムが一斉に準備を始めます。

　工作機械をよく知る設計者と技能者からなる試作ノードでは、ＣＡＤ図面を作成し、デジタルツイン試作後にＣＡＭデータと検査仕様を加工ノードに送ります。試作ノードは各種のハブからの依頼を受けて実現可能な設計図・製作図を練り上げています。

　加工ノードでは、生産指示・遂行情報等をネットワークで送受信します。マシニングセンタやターニングセンタの導入とＩｏＴ・ＡＩの活用により、品質検査や段取り替え、切り屑の廃却等も自動化され、定常作業者はゼロになっています。

　設備の保守技術と故障予測精度が向上していて、各工場に保全要員が張りつく必要がなく、保全要員は異業種を含め、近隣の数工場を巡回して点検・整備する形で設備管理を担当しています。

# 4章

## 市場ニーズと需要に応える
## 町工場をつくろう！

Smart Factory

執筆 ◎ 清水 仁司

# 4-1

# 市場ニーズと需要を見極める

## まず顧客のナマの声を聞いてみよう

　販路開拓には、既存の技術・製品を新規顧客に当てていく方法と、新しい技術・製品を新規顧客に当てていく方法があります。いずれも新規顧客にアプローチしますが、既存顧客には高く評価された技術であっても、新規顧客には受け入れられないことが多々あります。

　これは、提案した技術を使いたい、使わなければならないというニーズがないということです。ニーズがなければ注文の可能性もなく、ビジネスは成立しません。至極当たり前なことなのですが、よい技術は使ってもらえる、よい製品は購入してもらえると考える経営者は大勢います。また、ニーズの調査を必要だと考える経営者も多いのですが、行動できているかというとそうでもないケースも多いのです。

　「市場」とは、顧客の共通項で束にした集合体（業種や業態など）ととらえることができます。統計的な市場で概要をつかみ、既存市場の未接触顧客と新規市場の新規顧客を調査対象とします。具体的な企業名をあげて、1つひとつの顧客の声をヒアリングしていきます。これが**1次情報**の収集です。

　集まったナマの声を整理すると、必ずニーズが見えてきます。これを市場としてとらえることになります。一定規模の市場がわかれば、設計や製造方法、生産量などを効率的なものにしていくアクションも明確になっていくでしょう。顧客のナマの声というのは、日報のようなテキスト、記録写真などの画像など、非構造化データと呼ばれる情報になっているため、分析が簡単にできないので、データの整理や変換に工夫が必要です。

　製造業にとって、生産量つまり供給量の設定は、コスト試算に必

## ◎ニーズと需要の調査◎

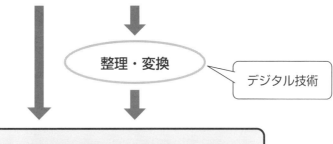

| ニーズ | | | 需　要 |
|---|---|---|---|
| [構造化データ] | [非構造化データ] | | [構造化データ] |
| A社 | 123 | 🏔 | 987 |
| B社 | 456 | 🎞 | 654 |
| C社 | 789 | ♫ | 321 |

整理・変換 ← デジタル技術

共通性を見つけて集合 ⇒ 市場

要です。コストの基準をつくらなければ、価格の話はできません。したがって調査においては、需要の把握も重要となります。需要は、数量や金額といった表計算で扱える構造化データになります。

　注目されている市場については、市販の市場調査情報で、ニーズと需要の概要を把握することができます。こうした情報を**2次情報**といいます。数十万円もする高額なものが多いので、図書館や情報提供機関を上手に使うことをお勧めします。

　情報には**3次情報**もあります。これは、人からの又聞きや情報源の不明確な情報で、会議ではこの手の情報もしばしば取り上げられます。市場調査としては、信ぴょう性に欠けるので注意は必要です。

# 4-2

## 無茶を聞く準備をしておく

### データにもとづく交渉なら相手も納得しやすい

　需要獲得のためには、ニーズと需要の情報精度をどんどん上げていかなければなりません。いい情報を入手するためには、こちらから提供できることも具体化しなければなりません。

　重要なのは**価格の見通し**です。新規顧客に既存技術・製品の売り込みをすると、間違いなく値下げ圧力を受けます。何かで困っている企業ほど、新規調達先の出現はコストダウンのチャンスととらえます。こうした安値要求というのは有益な情報源となり得ます。

　自社の実力に見合った価格提案であれば、という前提ではありますが、単なる駆け引きというだけでなく、その背景（競合の存在等）なども探っておきたいものです。

　市場調査のヒアリングだけでなく、本格的な売り込みの活動では、**相手の勝手な都合による無茶な要求**が多々出てきます。そうした状況に対して、常識的なレベルに話を戻せるよう、類似の技術・製品の市場価格など、**2次情報から周知のデータを調べておくことが重要**です。データにもとづく議論は、お互いに納得しやすいはずです。

　売込活動となると、相対的な対応だけでは話にならず、より絶対的な見積提示が必要となります。ニーズや需要の情報が集まっていない状態なので、仮説を立ててシミュレーションしておくのがよいでしょう。仮説検証型のアプローチです。

　表面の粗さなど、構造化データとして扱えるニーズと、こちらも構造化データとなる需要（製造量）を仮定して、コスト計算を行なっておきます。表計算で扱える構造化データをベースにシミュレーションの準備をしてニーズや需要の変化に対して、コスト試算ができるようにしておきます。備えあれば患いなしで、**相手の無茶ぶり**

◎相手の無茶ぶりに対する対応◎

構造化データでシミュレーション

| | | ニーズ | |
|---|---|---|---|
| | | [表面粗さ] | |
| | | 0.1μm | 0.3μm |
| 需要 | 100個／月 | ¥987 | ¥789 |
| | 1,000個／月 | ¥654 | ¥456 |
| | 10,000個／月 | ¥321 | ¥123 |

交渉の具体化

にも落ち着いて対応できることでしょう。

　ビジネスの交渉では、相手が嘘をついたり、間違いをすることがあります。何が正しかったか、受注してからわかることもあるでしょう。失敗しないためにも、地道なデータを積み重ねておいて、相手の話の真否を評価できる体制づくりをするということです。ＡＩを使う手法も、今後は検討対象になってきます。

# 4-3

## 見積りの能力を高めよう

### ものづくり企業の見積りの多くは「未知の世界」

　見積り能力を高めるためには、その前提条件となる仕様や数量、納期、保証条件、支払条件などの難易度をみて、価格展開する力が必要になります。交渉相手との駆け引きでもあるため、見積りは手間のかかる仕事です。見積もる以上、受注できなければコストにしかなりません。

　近年、見積りを急がせる傾向が強まっています。スピード感のある企業には、平気で24時間以内を要求するところもあります。指し値勝負で、いつまでにYES／NOを、と迫られることもあるでしょう。見積期間も調達のリードタイムととらえているためです。

　見積りをする前に、**いつまでに見積回答できるかを見積もる能力**も重要です。こんなことにまで気をつかうのかと思いますが、需要拡大の入り口ですから、まじめに考えておく必要があります。

　見積りそのものは、仕様・価格・納期を正確に、しかも短時間に決めなければなりません。そのためには、設計や生産技術、生産計画の実務経験が必要です。誰もができる仕事ではなく、経営者自身であったり、工場長などのベテランが行なっています。つまり、選ばれた人材でなければ務まらないということです。

　過去に製造したもので、実際原価が把握できていて、類似のものであれば、比較的簡単なコスト計算でできてしまいます。しかし現実には、過去の原価がぴったり合うということのほうが少ないです。

　そもそも、ものづくり企業の見積りの多くが「未知の世界」です。データがない領域とまではいいませんが、時には実験や試作をしなければコストがはじけないこともあります。市況商品と呼ばれる原材料の価格変動が激しい場合など、見積りは大変困難です。コロナ

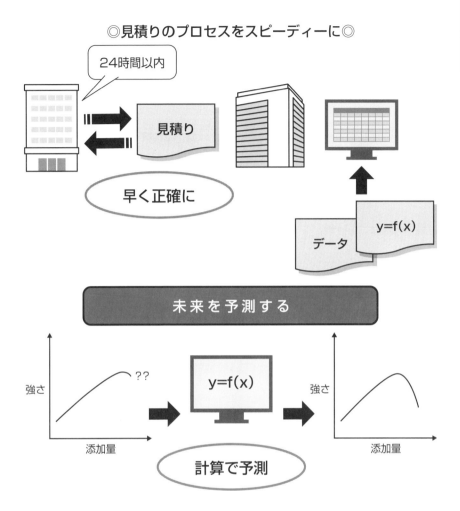

◎見積りのプロセスをスピーディーに◎

24時間以内

見積り

早く正確に

データ

y=f(x)

未来を予測する

強さ

??

添加量

y=f(x)

強さ

添加量

計算で予測

市場ニーズと需要に応える町工場をつくろう！

4章

禍で問題になっている、半導体不足現象で見積り不能になる町工場が出てくるのが好例です。とにかくわからないのです。

実験や試作に代わるシミュレーション技術は進歩しています。こうした技術を導入して、使える人材を育成できていることが、見積り能力の１つといえるでしょう。簡単なケースであれば、社内の実績データと教科書の計算式を使って、表計算ソフトで予想することも可能です。**身近なデジタル技術で、早く正確に未来を予測できるのが、見積りの能力**と考えます。

97

# 4-4

# 新しい顧客を創造しよう

### 町工場が市場をつくることはできるのか

　本書では、顧客とのコミュニケーションを密にして顧客のニーズを引き出すことで、新しいビジネスに結びつけようという提案をしています。ポイントは、「顧客がある」「市場がある」ということが大前提だということです。

　4－3項でも見積り能力の向上で、どんな引き合いに対しても早く正確に見積提案できることを述べています。見積りが受け身になると、相手に振り回されて非効率な仕事になるリスクがあります。そういう対応を続けていたのでは、生産性は上がりません。

　そこで探しても顧客がいないのなら、「顧客をつくろう」という発想が出てきます。すなわち、市場がないなら市場をつくろうという「**顧客の創造**」です。有名なドラッカー氏の名言のなかにある言葉です。彼は、「事業の目的として有効な定義はただ１つである。それは、顧客を創造することである」「未来を予測する最良の方法は、未来を創ることである」などの名言を残しています。

　しかし、「本当に町工場が市場というものをつくれるのか？」という疑問は当然出てきます。でも実際には、日本でも市場をつくった事例はあります。たとえば、プラスチックの半透明な衣装箱などは、いまではごく当たり前かもしれませんが、売り始めたときにはどこにもそんな市場はなかったし、適度に半透明にする技術も簡単なものではありませんでした。このように身の回りにあるものをよく考えれば、そういえばと思い当たるものはいくつかあるはずです。

　顧客創造の世界は、ある意味では**顧客要求を先回りする**ということです。でも、「新商品開発」とは違います。既存技術や製品でも、少し見方を変えた売り方をすると、市場が浮かび上がることがある

## ◎顧客を創造できれば主体的になれる◎

ということです。金属を絞る技術を持っていた会社が、「痛くない注射針」をつくることができたのです。そこに多くの叡智や汗が流れたとはいえ、大企業の成果ではありません。

「痛くない注射針をつくれ」というのは無茶ぶりです。B to Bでは、相手の無茶な要求でもこちらから提案を仕掛けることは、町工場の生きる道の１つです。もちろん、途中では産みの苦しみにも出会うので、すべてがバラ色ではありません。

# 4-5

## 顧客について“勉強”する

### ■ ＳＴＰ分析や４Ｐを活用する

　得意先になってもらいたい相手は、どうやって決めればよいのでしょう。日ごろから動向が気になる業界や、自社と関連がありそうな企業の１つや２つはあるはずです。まずは、そうした業界や企業が形成する市場を選んで、そのなかを詳しく見ていきます。

　具体的には、選んだ市場に対して、「**セグメンテーション**」（市場の細分化）、「**ターゲティング**」（狙いとする顧客の選定）、「**ポジショニング**」（競合他社との違いの明確化）を行ないます。

　この分析手法は、マーケティング論の大家であるフィリップ・コトラーが提唱し、３つの英語の頭文字をとって「ＳＴＰ分析」と呼ばれています。よく知られた分析法です。

　「セグメンテーション」では、自社の技術・製品と見込み客のマトリックスを組んで分析します。見込客の軸では、業界を選んだり、個々の企業を選んだりと、分割の大きさを変えながら魅力あるセグメントを探します。魅力とは、セグメントやセグメント内企業の売上規模や成長率、営業利益率などが考えられます。

　魅力あるセグメントがいくつか見えてきたら、そのなかから狙いを絞ります。これが「ターゲティング」です。ここで、誰に何を売るかが定まってきます。

　次は、どうやって売るかに関わる「ポジショニング」です。競合他社と比較して、自社の取るべき方法を決める作業になります、３Ｃ分析、ＳＷＯＴ分析、５Ｆ分析などのビジネスフレームワークを使って、戦略に落とし込みます。戦略の多くは競争となります。競争の場は、「技術・製品」「価格」「流通」「販促」の４つで、これらは「マーケティングの４Ｐ」と呼ばれます。

◎戦略策定は「ＳＴＰ分析」で◎

◎戦術展開は「４Ｐ」で◎

| 技術・製品（Product） | 価格（Price） |
|---|---|
| どんな技術・製品を売るのか | いくらで売るのか |
| 流通（Place） | 販促（Promotion） |
| どこで、誰を通して売るのか | どうやって知ってもらうか |

　ＳＴＰ分析から４Ｐの展開までは大変な作業ですが、**見込客の直接の声を聞いたり（１次情報）、市場調査情報を調べたり（２次情報）**することで、見込み客をよく知ることができるようになります。

　成長している中小企業やベンチャー企業の多くは、コンサルタントを利用するなどして市場と顧客の勉強をしています。

# 4-6

# 需要を予測する

## 主観的判断に頼らず科学的な手法で予測しよう

　町工場でなくとも、需要予測を精度よく行ないたいと希望する企業は多くあります。試みてはみたけど、需要予測の難しさを痛感している企業も多いことでしょう。見込客が5社もあれば、1桁以上違うことも発生し、設備や生産計画の検討が難しくなります。需要予測については、経営者や営業担当の経験や勘（主観的判断）に頼らず、**できるだけ科学的な方法で予測**しなくてはなりません。

　需要予測の方法としては、「市場調査的手法」「統計処理的手法」「ＡＩ分析ツール」などがあります。過去のデータを統計的に分析して自社のノウハウを加えることで、実質95％の的中率を誇る事例も出ています。いまや多くのツールやノウハウが安価に使えるので、町工場に応用するハードルが下がってきました。

　しかし需要予測は、当てるためにやっているわけではありません。予想が外れるリスクを減らすために行ないます。需要予測の精度が上がると、多くのメリットが生まれます。

　新規顧客開拓の場合は、ターゲット顧客との取引データの蓄積がないため直接、統計的手法に当てはめることはできません。まずは、ターゲット顧客の計画数量や希望単価の情報を、市場調査的手法である**直接ヒアリング**によって入手します。ターゲット顧客の製品やサービスに関する市場調査情報（2次情報）があれば、そのデータから重回帰分析などの**時系列分析**を用いて、間接的に需要を検証（予測）することも可能です。

　最近、大手電機メーカーが、ＡＩによるビジネス向け予測分析サービスを提供しています。表形式のデータ（構造化データ）を用意することができれば、そのデータをＡＩエンジンに読み込ませるだ

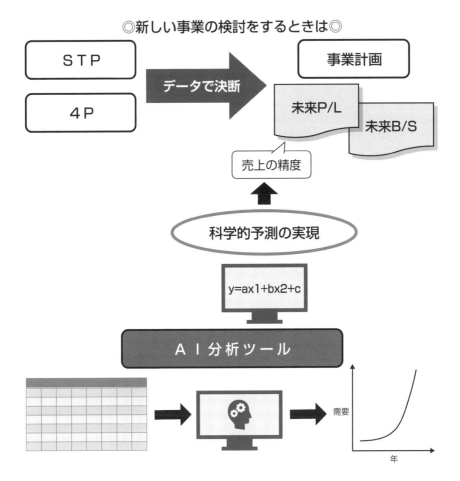

◎新しい事業の検討をするときは◎

STP

4P

データで決断

事業計画

未来P/L

未来B/S

売上の精度

科学的予測の実現

$y=ax_1+bx_2+c$

ＡＩ分析ツール

需要

年

けで、適切な機械学習モデルを選んで解析し、予測結果を返してき
てくれるものです。また、条件を変えてみることで、シミュレーシ
ョンできることが魅力です。結局、デジタルツインを使って経営意
思決定できることと同じ意味をもつということです。

　ＡＩの利用においては、既存データの変換やデータ項目の選択な
ど、ある程度の技術が必要です。また、ＡＩに任せると、実際には
どのようなアルゴリズムが働いているか検証できないリスクもあり
ます。このように需要予測は、**従業員の人材育成や、ＡＩ人材の採
用**などに取り組んで成功させたい機能です。

# 4-7

# 見積書をつくる

## 価格、仕様・設計、原価、納期の見積りが必要

　ターゲット顧客とその需要にもとづく受注目標が決まると、営業活動を本格化させます。注文をもらうために、価格などの取引条件を提案する見積書を提出します。見積書の受け渡しだけでは契約は成立せず、見積りは契約の誘引や申込みです。それにもとづいて発注（承諾）された場合は、契約の一部となって法的拘束力が生じるため、見積書の作成は慎重に行なわなければなりません。

　価格見積りについては、多くの企業が単価積み上げ（「原材料の数量×加工工数」をベースにして積み上げていく方法）を採用しているはずです。実際には、このような単純な方法では実態に合わないため、モノの大きさや曲がりの数などの変数をあらかじめ準備しておき、工数に難易度を掛け、さらに安全係数を掛けることが多いと思います。経験が積み重なれば、スペックを見ていくらくらいで受注すればいくらくらいの利益が出るのかまで読めてきます。

　これは、経験値を蓄積しておく職人レベルの技ともいえるので、誰もがすぐにできるわけではありません。多くの中小企業は、この元になる「原価表」を作成して利用しています。もっと簡便な方法では、いくつかの要素でモデルパターンをつくっておいて、その組み合わせを使うなど多くの工夫ができます。

　仕様や設計検討においては、プラスチック射出成型時の材料の挙動や電子回路の動作など、さまざまな事象がシミュレーションできます。こうしたツールを活用することで、時間と費用をかけて試作実験を行なわなくても、ある程度の設計が提案できます。

　原価見積りに関しては、業種に特化したツールが市販されていますが、多くの町工場をカバーできる汎用的なものはありません。し

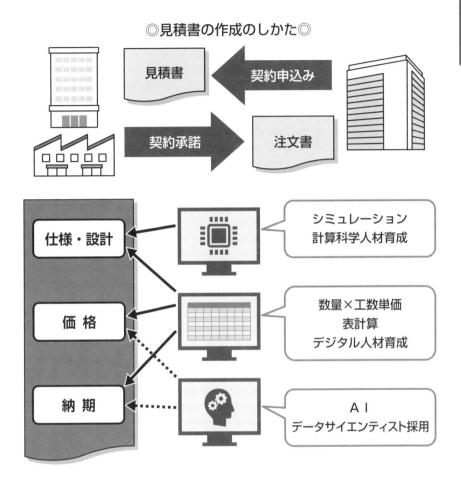

◎見積書の作成のしかた◎

見積書 ← 契約申込み

契約承諾 → 注文書

仕様・設計 ← シミュレーション　計算科学人材育成

価　格 ← 数量×工数単価　表計算　デジタル人材育成

納　期 ← ＡＩ　データサイエンティスト採用

　たがって、独自に構築してみることになります。表計算ソフトを使えば、**誰でも使えてメンテナンスも容易**です。人材育成も兼ねて、トライしてみるとよいでしょう。

　同様に難しいのは、納期見積りです。個別受注生産の多い町工場は、複数の手順に対して人と設備が複雑に引き当てられるため、負荷配分は至難の業です。これに外注加工や特急納期が加わりますから、価格見積りと納期見積りは人手では限界があるでしょう。市販アプリと独自ソフトウェアあるいはＡＩの力を使うなどで実現することになります。

# 4-8

# データベースが必要になる

## パソコンで扱えるデジタルデータに変換しておく

　需要を予測するにも、見積書を作成するにも、データがなければ始まりません。町工場に蓄積しているデータや市場調査情報の多くは、紙媒体に記録された情報です。これらをシミュレーションにかけるにしても、表計算で処理するにしても、パソコンで扱えるデジタルデータに変換しておかなければなりません。

　機械図面や回路図のＣＡＤデータはデジタルデータですが、組立てや実装工程に必要な部品表が手書きの情報のままという町工場が多いのではないでしょうか。設計や製品別の部品表が散在し、在庫管理表にも連携していないと思われます。

　まずは、こうした情報を表計算ソフトに入力して、データベース（マスター）を作成しましょう。マスターには部品のほか、顧客や外注先、材料や給与など、さまざまな情報がありますが、**工程設計に必要なものから整備**していきます。

　工程設計では、手順や材料、設備、時間、人員が決まるので、それに材料単価や人件費単価を掛ければ、原価が算出できます。材料費の変動には注意が必要ですが、手早く計算するには標準値を使った**見積原価計算**が有効です。そのためには、材料費や労務費のベースとなる、標準材料単価・消費量や標準作業時間・賃率などを算定しておく必要があります。

　個別受注生産が多い町工場では、見積作業自体が工程設計と営業戦略になります。これがしっかりできれば、無茶な値引きや特急の要求などに対して、設計に戻ることなく、工程の条件を変えたシミュレーションで、対応可能な範囲にできるかもしれません。

　データベースには、信頼性や拡張性などの機能が求められます。

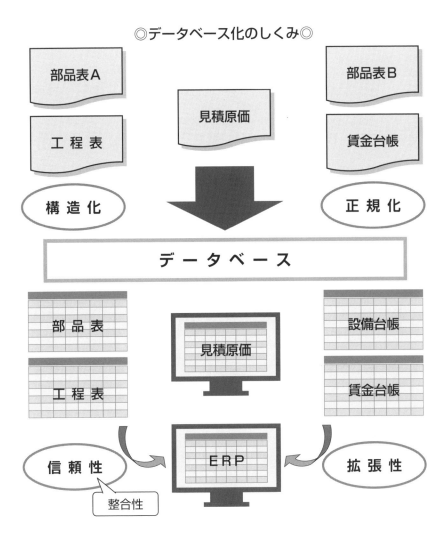

◎データベース化のしくみ◎

信頼性の要素の1つである整合性とは、1つのデータは1つの表（テーブル）に格納されるよう、データを一元管理するとともに、データの更新が複数同時に行なわれないようにします。表計算ソフトを使って自作する場合でも、市販のMRP（あるいはERP）パッケージを利用しても、基本的な要件は同じです。自作のデータベースであっても、構造化データとして適正につくられていれば、MRPを導入した際にもデータの移行が簡単に行なえるはずです。

# 4-9

## 顧客カルテを整備する

### マーケットインのスピードが上がり、受注拡大につながる

データベースとして備えておかなければならないものに、**取引先情報**もあります。顧客や仕入先、外注先などの企業情報です。企業概要や連絡先、与信ランクや支払条件などの一般的情報しか記載されていないケースがよくありますが、いまや備えておきたい顧客情報は多くあり、**顧客カルテ**をつくってもれなく管理する時代です。

顧客創造の観点からは、交渉経過や取引実績などを記録として残しておき、リピート需要の創出や新規顧客開拓の際に参考事例として活用します。その内容は、単なる事実や結果だけでなく、医師が書くカルテのように、分析や考察も書いておきましょう。

失注の原因や顧客からのクレームなど、従業員としては残したくない情報もあるでしょうが、これらも重要な情報です。悪いことも報告できる風通しのよい組織にしておくことが大切です。悪い話の裏にはニーズが隠れていたり、強みに変えられればチャンスにもつながります。企業カルテを有効に使って、ビジネスのアイデア創出につなげましょう。

発想と構造化データには、相性がよくない印象があります。営業日報や打ち合わせメモ、現場写真などの非構造化データは、無理に構造化せず、そのままの形式で保存します。ただし、素早く参照・比較ができるよう、タグ付けをしておきます。

こうしたデジタル化対応をしておけば、引き合いへの対応や技術・製品の改善、新製品のアイデア出しなど、マーケットインのスピードが上がり、受注拡大につながります。

企業のカルテは、顧客や外注先などのリアルな実態を、パソコンで再現したデジタルツインとして使うことができます。取引実績を

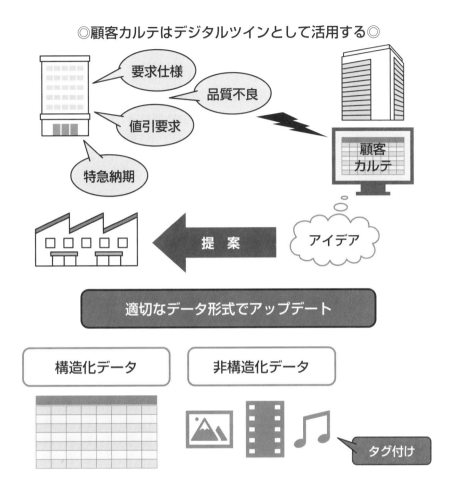

◎顧客カルテはデジタルツインとして活用する◎

要求仕様

品質不良

値引要求

特急納期

顧客
カルテ

提 案

アイデア

適切なデータ形式でアップデート

構造化データ

非構造化データ

タグ付け

分析して、顧客の希望価格からの乖離具合によって発注量が変わる価格弾力性などが得られれば、リピート品や別アイテムの交渉で参考にできます。また、外注先の設備能力や従業員数が適宜把握できると、発注量に対する納期のシミュレーションも容易になります。

　このように、外部情報を適宜収集して常に適切なデータ形式でデータベースにアップデートできていれば、素早く簡単に情報の参照や比較ができるため、ビジネスのスピードアップにつながります。ＡＩの使い勝手がよくなれば、受注可能な価格や交渉方法までも予測が可能になるでしょう。

# 4-10

## 外部ＤＸを強化する

### デジタルツインの活用を

　既存顧客との関係性強化ばかりでなく、見込み客を得意先にしていくことやスポット利用の外注先を協力工場にしていくためには、誠意をもったギブアンドテイクで地道な信頼関係の構築が重要なことはいうまでもありません。

　それに加え、近年のものづくりの状況から、正確な情報交換やレスポンスのよさ、信頼のおける品質保証なども大変重要になっています。こうした課題を解決するために、**外部企業との間でデジタル技術を活用する取組みが外部ＤＸの強化**です。

　ＤＸの具体化の１つは、デジタルツインの活用です。得意先や協力工場の姿を自社のパソコン内に再現して、受注がいつごろどのような仕様フォームで出るとか顧客や協力会社の傾向を下表のようにデータ化します。

| 品質関連 | 品種・要求精度・材料の実績 | 担当者のクセ |
|---|---|---|
| コスト関連 | 納入実績表（利益率など） | 満足度 |
| 納期関連 | 納入実績表（達成率など） | 満足度 |

　成功もあれば失敗のデータもあり、これからのことを自由にシミュレーションできることが理想です。結局、自社のデジタルツインとできる限り同様なものを準備していくことになります。

　また、企業間電子商取引の１つであるＷＥＢ－ＥＤＩの活用が想定されます。ＥＤＩは決まったことを素早く安価にやり取りするための通信手段なので、電子受発注ができれば自社内のさまざまな業務（特に紙の仕事）の効率化が図れます。自社にＥＲＰ（企業向け統合ソフト）を備えて、特定の取引先に開示可能な情報をクラウド

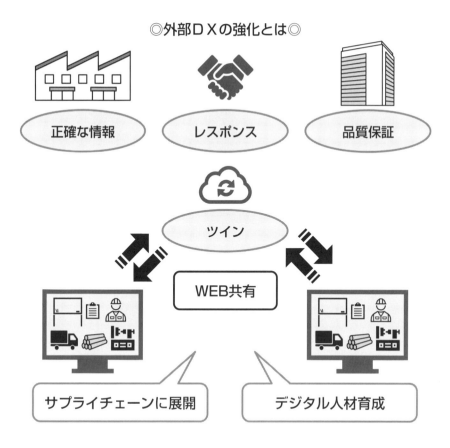

◎外部ＤＸの強化とは◎

正確な情報　　レスポンス　　品質保証

ツイン

WEB共有

サプライチェーンに展開　　デジタル人材育成

上で共有するような手段も考えられます。スピード感のある交渉に適しており、決まりきった取引になりやすい海外取引には有効です。

　協力工場や材料仕入先など、生産サイドのサプライチェーンに関しては、共同事業体としての営業的メリットを共有して、情報連携を進めます。**協力工場のネットワークを組織し、デジタルツインが共有できると、有望な見込み客とのチャネルはさらに築きやすくな**ります。取りまとめには、ＤＸ推進のリーダーシップとデジタル技術の理解が必要です。

　協力工場の組織化は経営者自らが行なわなければなりませんが、デジタル技術の習得にはデジタル世代である若手従業員のセミナー受講や通信教育を補助して実施します。

# 4-11

# 顧客創造のハブとなる町工場

## ハブ機能の高いスマート町工場なら、受注拡大が可能

　市場ニーズと需要に応えられる町工場になるためには、マーケティングの強化や事業戦略の立案、業務改善やデジタル化投資など、さまざまな改革の必要性が見えてきました。意識の高い町工場は、すでにこうした取組みを進めており、企業理念や事業目的、自社の強みや弱みを考えながら、それぞれがノードとハブの組み合わせの最適地をめざしています。最適地にたどり着いた者が、スマート町工場です。

　スマート化の目的は、注文を取り続けることです。**特に、顧客創造によって、受注拡大を図ります**。新規顧客を開拓するために、社内と協力工場のシームレスな情報連携を構築しながら、市場に出ていくことになります。市場では個々の見込み客の声を聴き、その情報をデジタル化して、分類したり比較したり、また予測に用いて見積りという形で契約の申込みをします。

　ここに至るまで、見込み客との間で、また生産サイドのサプライチェーンのなかで、多くの情報が共有されます。多くの情報を得て、それを上手に活用できれば、価値ある情報が発信できるようになります。情報発信は、新規顧客の獲得にとって重要な営業活動です。それができるのが、市場ニーズと需要を見きわめて的確に応えられるサプライチェーンのハブ的存在です。つまり、ハブ機能の高いスマート町工場になることができれば、受注拡大が可能となります。

　世界的なＤＸの流れや個別の事例からから見えてくる、スマート町工場が備えておくべき特性は、次のように整理できます。

①ワンストップで引き合いを受けることができる
②引き合いに対して素早くレスポンスできる

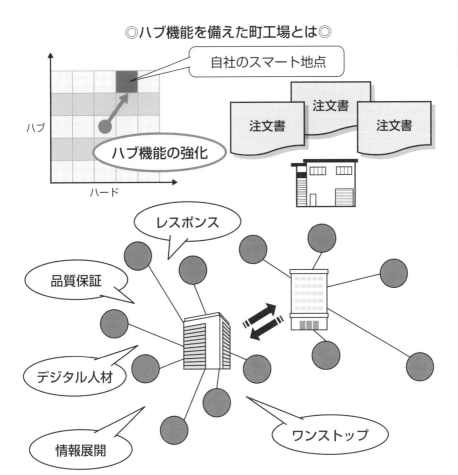

◎ハブ機能を備えた町工場とは◎

自社のスマート地点

ハブ

ハブ機能の強化

ハード

注文書
注文書
注文書

レスポンス

品質保証

デジタル人材

情報展開

ワンストップ

③無茶ぶりを受けても引き受けられる構造をつくり優位性を築く
④見積りとデジタルに強い人材の確保と育成を推進できる
⑤協力工場の技術・製品も含めて品質保証できる

　これらは本来、発注側の能力のようですが、昨今こうしたことができなくなっている企業が増えています。小さな町工場は、意思決定のスピードは速く、デジタルツールも安価に利用できるようになってきました。少々難しいのは人材確保でしょうが、人材育成をしっかり行ない、ＤＸの力でかつては考えられない機能を備えた町工場になろうということです。

# インダストリー4.0の管理シェル

　2011年に公表された「インダストリー4.0戦略」は、工場の人や設備、設計などのあらゆる資産を通信ネットワークでつないで、生産プロセスを円滑なものとして、バリューチェーンの変革や新たなビジネスモデルの構築をめざしています。

　これは、ドイツの製造業の競争力強化のために、ドイツ政府が主導して産業界と一体となって推進している取組みです。

　産業界が一体となってつながるためには、情報のデータ形式や通信のプロトコルを標準化する必要があり、これらの決まり事を定義したものが「管理シェル」です。

　人や設備、設計や業務データなどの資産は、メーカーや業界ごとに異なるインターフェースをもっていますが、それにかぶせて共通のインターフェースをもたせるような役割があります。

　その実態としては、ハードウェアに対するゲートウェイのようなものであったり、デジタルデータに対してはパソコンにインストールできるプログラムのようなものと考えられます。

　情報連携させたい資産に対して管理シェルが実装できれば、ＬＡＮやインターネットに接続するだけで、パソコンのなかでさまざまなデジタルツインを操ることができるようになります。

　ドイツにおける取組み状況を見ると、過半数の企業が何らかのソリューションを導入していますが、工場内設備のＩｏＴ化は1割程度です。中小製造業の取組みは遅れており、紙ベースの顧客情報や生産計画をデジタル化している状況のようです。

　しかし、何十年もかけて国際プロジェクトを推進できる、欧州の科学者や技術者の粘り強さを考えると、それほど遠くない未来に、インダストリー4.0が実現していることでしょう。

# DXを活用して
# "スマート生産管理"を構築する

Smart Factory

執筆 ◎ 片岡 英明

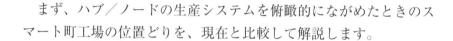

# 5-1

# シームレスな生産工場

　まず、ハブ／ノードの生産システムを俯瞰的にながめたときのスマート町工場の位置どりを、現在と比較して解説します。

## 現在の町工場における生産

　右ページの図Aでは、次のようになっています。

①顧客は需要予測から生産数量を決めて、製造企業の営業部署に引合いを出した後に１社に発注する

②製造企業の営業部署は部品受注計画を立てて見積りを提出し、顧客と契約を結ぶ

③部品受注計画をもとに製造部署（町工場）で部品生産計画を立て、生産し出荷する。

　それぞれインプットとアウトプットがあり、基本的には検討結果をお互いにやり取りしています。一番変化が多いのは製造現場ですから、顧客からの問い合わせは営業部署を経由して製造現場に伝えられ、返答はルートを逆にたどって顧客に届きます。

　このようなしくみでは、それぞれの部署の情報は伝言ゲームのように伝えられ、製造現場はそのやり取りに追われているのではないでしょうか。

## スマート町工場では

　スマート町工場では、図Bのようにデジタル技術を最大限に活用して、構成する顧客や企業・部署の情報をシステム化して見える化し、需要や生産の予測や状況のデータをリアルタイムで見ることを可能にしています。

　これにより、さまざまな情報がシームレスにつながり、いわばこ

## ◎デジタル技術を最大限に活用する◎

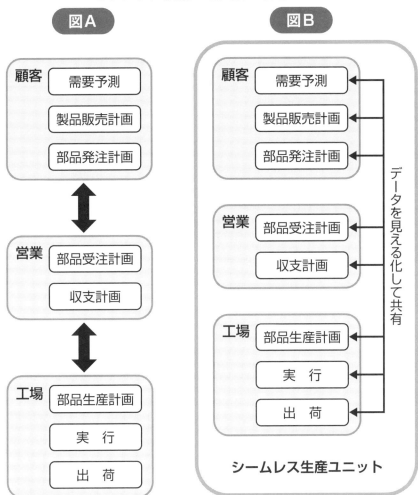

の組み合わせ全体で一体となって生産を遂行している状態です。すべての構成者が今後の進め方を考えることができます。

　もちろん、このためには自社のデータを開示する必要があります。「データを見せたくない」という心理的抵抗や、見える化するために設備対応が必要等、障害はさまざまありますが、時代性を考えると、未来はこの方向（図B）にあります。

# 5-2

## スマート町工場の生産計画とは

### 生産計画はリアルな生産活動の出発点

　現在の町工場でも、生産計画板や生産計画ソフト等により、月ごとの生産予定を週単位・日単位に分解して、生産活動を行なっているはずです。スマート町工場も、生産計画がなければ生産は始まりません。

　スマート町工場が狙っているのは、受注がきたらリアルタイムで現場まで生産指示が飛んでいくことです。通常、町工場の生産計画は、日単位の管理であるため、日単位計画の組み方で解説します。

　日程計画は、次の項目を要素にして展開されます。

①需要予測にもとづく販売計画からの生産数量（受注）要請

②自社内の在庫実績と出荷計画

　もちろん、生産リーダーがその計画を見て承認するか、あるいはリーダー自身が微調整します。本来は、それにより生産予定は決まるため、ここまでならば自動化はできるはずです。

　しかし、現実はなかなかできません。主な理由は、はっきりしています。変更さえなければ自動でつくれるのですが、変更がやっかいなのです。現場で計画を変えなければならない理由はたくさんあります。だから、自動ソフトの融通が利かないと使えない、ということになってしまいます。

　ものづくり工場で生産管理がうまくいっているという企業には、必ず現場に生産計画立案のプロが存在しており、その人の芸術的な手腕で管理されていることが見受けられます。もしもその人がいなくなれば、代わりをできる人はいないはずです。

　計画立案のプロは、必ず次のような上流から下流までを見て、ロスを最小限に抑えることまで計算して計画を立てています。

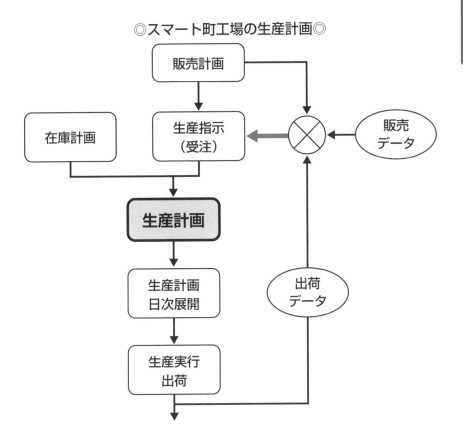

◎スマート町工場の生産計画◎

①営業からの注文　②仕掛品の存在　③原材料の準備
④作業者の確保　⑤設備の状態　⑥倉庫や物流の状態

　しかも、製造中に何か異常があれば、上の状況を再計算して最適解を計算しなければなりません。ここを自動化できれば、もうスマート工場はほとんど完成したといっても言い過ぎではないかもしれません。

　ソフトウェアの進化により、このシミュレーション技術の完成度は高くなってきました。自社に適用するには勇気がいると思いますが、ＤＸで実現しなければならない主要な関門です。

# 5-3

## ＤＸの役割とは

### 顧客との関係をいかに密にするか

　工場内部のＤＸ化は、いままで考えてもいなかった新規事業や、直近課題の具体的な解決策を提示するものをめざしてはいません。スマート町工場にとってＤＸは生産効率化、つまり生産性や生産能力の向上や変化への対応力をサポートしてくれるものをめざします。ただ１点だけ従来と違うのは、顧客との関係をいかに密にするかに焦点を合わせている点です。密にするという点について、本章は解説しています。

　ＤＸの中心となるツールは、デジタル技術です。情報共有が容易になり、いままでやってきたこと・やりたかったことを、より早くより正確に、そしてより簡単便利に行なえます。めざすことは、次の３点です。

- ●顧客と販売データや生産データを共有することにより、市場の変化にタイムリーに生産工程を対応させる
- ●受発注や経費の伝票処理をデジタル化して、人手による転記時のミス防止、集計作業の不要化等、効率化を実現する
- ●工程の稼働状況をリアルタイムに収集・分析し、担当者の記録に頼らない生産効率化や予知保全を実現する

　デジタル技術を導入することで、これらの情報はリンクさせて、いままでの業務を変化に対応できるように変えていくことを狙います。そのため町工場にとって、ＤＸの役割は、デジタル技術で業務を見える化し、生産性が高くて変化に対応できる企業体質をつくり上げることです。協働する企業・部署とつながることで、「スマート町工場」を構築することができます。

　スマート町工場では、より早く・より正確に、簡単便利に業務遂

### ◎工場におけるDXとは◎

- DXの役割は、基本的に「顧客本位」ということ。「顧客と製造現場との距離が近くない」とか「シームレス連携されていない」という現状課題を解決することに主眼が置かれている。
- 要するに顧客は「製品を選んでワンクリックで発注できて、次の日に配送」してもらえれば満足。それが「DX」である。そうなれば当然、他の会社に発注されることはない。

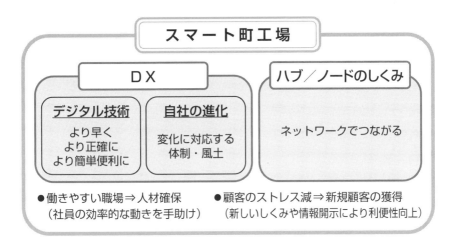

行できるため、顧客にとって市場変化にタイムリーに対応してもらえて発注ストレスが大幅に減少します。これは、新規受注や口コミによる新規顧客獲得のための大きな助けになります。

　社員の働き方は（頑張らなくても）効率化できます。働きやすい職場をもつことは、人材確保にも有効になります。あえて付け加えれば、これらのことは特にDXといわなくても、以前から製造現場ではめざしてきたことです。

　ハブ／ノードの考え方は、広く顧客ニーズをつかみ、スムーズに現場とつなげることにより、業務を効率化させようということだけではなく、複数の顧客と密につながることで、レジリエンスを備えた企業体質をつくることをめざしています。

# 5-4

# 需要予測と生産指示

## 販売計画を立案するために調査・予測が必要

　販売計画を決めて、生産が指示されるまでには、種々の検討と意思決定が必要です。まず、販売担当部署では、販売計画の立案に向けて、調査や予測を行ないます。

### ①最終顧客の情報調査

　自社で販売する場合と他社に納入して他社が販売する場合がありますが、いずれにしても市場の情報を集めることが必須です。次にあげることなどは、需要を予測するための基礎的な情報です。

- ●最終製品の市場（業界）、業種、製品が売れ筋かどうか
- ●最終製品（新製品の場合は類似品）の販売実績の推移
- ●競合他社の動向

### ②需要予測

　販売計画作成時に参考とするのが「需要予測」です。予測モデルは、単純なものから高度な数学モデルをもつものまで各種ありますが、モデルの複雑さと予測精度は必ずしも一致しません。それぞれの予測モデルで得意領域があるようです（4－6項参照）。

　しかし、予測と実際の違いをモデルに取り込むことを続けると、ある程度の精度をもった需要予測ができるようになり、それをもとに販売計画が作成できます。

### ③販売計画から生産計画案を作成

　販売計画では、期間別（年、半年、月等）の生産品の販売数を決めます。そして、販売計画から生産リードタイムを考慮して日程別の生産数を決めます。

### ④生産計画の実行可能化

　生産計画の立案で大切なことは、実行可能な生産計画を立案する

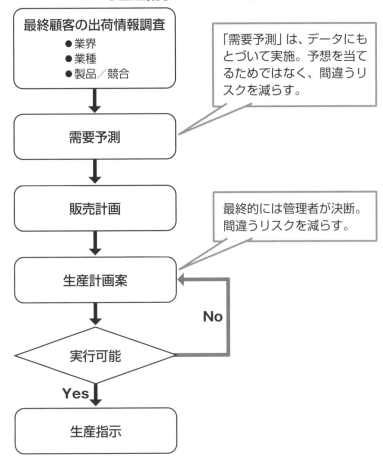

◎生産指示するまでの流れ◎

最終顧客の出荷情報調査
- 業界
- 業種
- 製品／競合

「需要予測」は、データにもとづいて実施。予想を当てるためではなく、間違うリスクを減らす。

需要予測

販売計画

最終的には管理者が決断。間違うリスクを減らす。

生産計画案

No

実行可能

Yes

生産指示

ことです。生産工程の負荷が生産能力を超えた場合は、能力内に納まるように「負荷の平準化」（山崩し）を図ります。代表的な対応は、次の方法などです。

● 余裕のある時期に前倒し生産
● 時間外勤務
● 外注先の準備、生産依頼

これらの作業は、複雑になると手計算では難しくなるため、「生産スケジューラ」などのソフトウェアも利用しましょう。

5章

DXを活用して〝スマート生産管理〟を構築する

# 5-5

## スマート町工場の生産管理

### リアルタイムで生産の進捗を見える化する

生産管理の主要な日程計画については5-2項で説明しましたが、業務としては計画を立てるだけではなく、生産計画と実際の生産状況を対比し、生産の進捗を統制することも必要です。現場は日々刻々と変化しているので、いち早く問題を把握してアクションをとることが期待されています。

スマート町工場の生産管理では、**生産進捗の見える化**を図ります。早く、正確に、簡単に見える化するためには、デジタル技術の利用は以下のような項目に適用されます。

#### ①設備稼働の現状把握

新規の設備では、稼働データを取り出せるようになっていることが多いので、データの検知は容易です。一方、既存設備からのデータ検知は検出器を追加して、デジタル化します。たとえば、

- 稼働状況を表示する3色灯があれば、点灯状況を検知
- スマートフォン内蔵の加速度センサーを利用して動作検知

して、データとするしくみなどが実用化されています。

#### ②稼働実績データの収集・分析

動作データを有線（イーサネット）または無線（Wi-Fi）のネットワークでパソコンに集め、稼働状況を表示・分析します。無線ネットワークであれば、タブレット端末からの入出力が可能になるので、利便性が増します。

#### ③POC（proof of concept：実証実験のこと）

生産管理のための設備稼働データは、IoT／ICTと呼ばれるデジタル技術を使用してリアルタイムで収集し、分析できます。ただし、個別設備によっては、収集・分析するデータに調整が必要な

◎現場の見える化（IoT化）◎

- ●現状把握　　　　⇒　速いアクション
- ●実績報告と分析　⇒　次の計画への反映
- ●実証実験　　　　⇒　効率化の追求

## 【POCとデジタルツインの構造】
（PDCAサイクルを回すためにデジタルツインを活用）

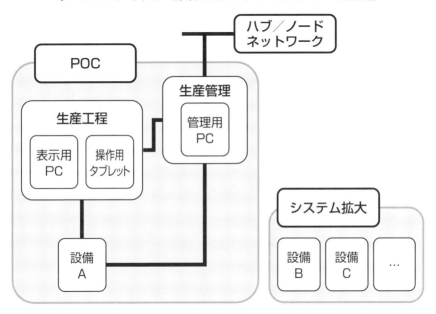

場合があります。IoT化する場合、全設備を一斉にIoT化する前に、どれかの設備を対象に何がどのようにできるか検証します。

　小さく始めて扱いに慣れてから展開したほうがよい結果が得られることもあります。このような検証活動を「POC」と呼んでいます。

　リアルタイムで生産の進捗を見える化すると、受注変動への対応能力が上がり、稼働実績データ分析により工程の改善や効率化が図れます。

# 5-6

# 原価管理のしかた

## 効率的にコストダウンを行なう手段が重要

　会社は利益を上げる（儲ける）ことを目的にしています。利益は、「利益＝売上高−原価」ですから、利益獲得に自分でできることは「**原価低減**」の努力です。

　町工場では、絶え間ない努力を強いられています。終わりなき挑戦のようなものです。こういう地道な努力はこれからも続けなくてはなりません。だからこそ、もっと効率的にコストダウンを行なう手段が重要になります。いまあるものでやり尽くした感がある製造現場では、デジタル化と設備化を徹底するのが次のカギになります。

　町工場の原価は大きく「**材料費**」「**人件費**」「**経費**」の３つに区分されます。工場の原価管理としては、通常はこの費用区分で目標原価と実際原価を比較し、差異を分析して対策します。

## 儲けるための原価管理の対象と考え方

　３つの区分方法では、費用の整理はできますが、儲けとのつながりがよくわかりません。そこで、儲けとのつながりを推定しやすくするために、変動費と固定費の２つに区分します。会社としての儲け（利益）を管理するための原価管理手法は、この２つの費用に分けて、計画と実際の推移と低減施策を検討します。

①**変動費**：売上高に比例する費用

　材料費、外注費、購入品費等は、在庫を正確に管理し、使用量や原価を分析して削減策を実行します。

②**固定費**：売上高に関係なく発生する費用

　建物・設備の減価償却費、人件費、地代家賃等、売上高に貢献しない固定費の削減を図ります。

## ◎原価管理と利益計算◎
### ＜売上が10％落ちたときにどう変わるか？＞

図C

| 売上高 100 | 利益　10 | |
| | 固定費 60 | 建物・設備費等 30 |
| | | 人件費 30 |
| | 変動費 100×0.3＝30 | |

図D

| 売上高 90 | 利益　3 | |
| | 固定費 60 | 建物・設備費等 30 |
| | | 人件費 30 |
| | 変動費 90×0.3＝27 | |

　上の図を見てください。ある年に図Cのように売上高100、変動費は材料費のみで30、すると変動費率（変動費／売上高）は30％です。固定費は60で、利益が10とします。

　ところが、翌年の予想は図Dのように、売上高が10（10％）減少します。図Cの利益10がどうなるか、原価を変動費と固定費に分けているので容易に推定できます。図Dでは変動費率は同じですが、変動費額は減少するため、利益3と算出できます。

　この図を見ながら、固定費が低減できればその分の利益が増える、変動費では「単価あるいは使用量低減分×生産数」の利益増になる、などと推定できます。このように原価管理は、儲けが推定できるように管理することが重要です。

# 5-7

# 生産実績管理のしかた

## 顧客の品質、コスト、納期に対する期待に応える

　工場の生産活動は、ただモノをつくればいいわけではありません。顧客の期待は、次のQCDにもとづいて納入されることです。

- 仕様どおりの品質・仕様（Q）
- 発注どおりのコスト（C）
- 発注どおりの数量と納期（D）

　その期待に応じて工場側では4種の資源（4M）、つまり、

　①ヒト：人員　　②モノ：原材料、在庫
　③設備：機械　　④作業方法：標準化、負荷の平準化

を組み合わせて、QCDを同時に効率的に達成するようにします。この考え方は、スマート町工場でも引き続き重視します。

　実績管理は、生産実績を管理するものですから、できあがった数量や出荷時間・その他生産にかかった時間や工数などを記録するものです。会計上では、いくらのものを・いくつ出荷したのか正確に記録しなくてはならないので、お金の実績記録は残っているのですが、その製品で利益が出たのかどうかを管理する実績記録がつけられていないケースが見られます。

　受注額（予定）に対して4Mの実績はいくつであったかを記録してQCDに関するデータを残し、予実を比較して改善につなげていかなければなりません。内部DXの重要な役割です。

　最も注意したいのは「D」、つまり納期です。コスト（C）と品質（Q）は受注した段階でも出荷後でも記録できますが、納期に関しては実際に生産を始めてから終わるまで、その時々の事情でばらつくことがあります。顧客からの生産数変更依頼や特急品の依頼、工程での原材料の不足・設備故障等の突発事態など、納期・工期に

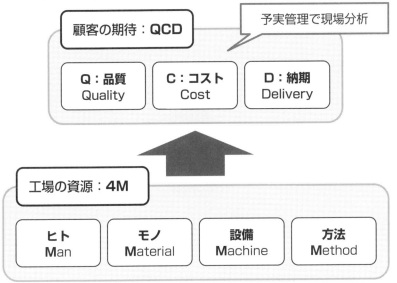

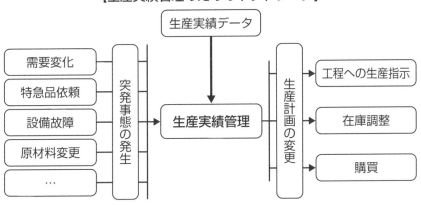

関してなかなか予定どおりに進まない事態が発生します。その不確実性も含めて、わかる限り記録して現場改善につなげなければなりません。

　実績管理は経営上も生産管理上も必要なのは当然ですが、予実管理をすることで顧客満足度の改善にもつながるデータとなります。

# 5-8

## 在庫管理のしかた

### ⊞ ネットワークによる「正確な在庫情報」から始まる

　在庫情報は、スマート町工場では最も重要な情報で、管理する品目は次の３つです。

①原材料や部品の在庫…生産工程に投入する品目の在庫。生産計画に従って準備

②仕掛品の在庫…需要のギャップや工程間の製造スピードを調整するための在庫

③製品の在庫…生産活動の平準化を図るため見込み生産した在庫

　在庫管理は、「正確な在庫情報」のために管理物品の入出庫を正確に記録し、現物と記録の乖離を小さくして在庫精度を向上させます。品物にバーコードを付けておけば、タブレット端末で読み取るバーコードシステムを利用できます。すべての品目を情報化する手間がかかりすぎる場合には、金額や入出庫頻度で重点管理をすることもあります。

　在庫は企業の財産なので、お金を貯めているのと同じです。貯金なら持っていても金利がつくし、錆びたりしませんが、在庫は在庫過多や滞留在庫は資金繰りを悪化させます。在庫過少だとタイムリーな生産ができず、生産の混乱や売り逃しの原因になります。効率的で儲かるスマート町工場は、ネットワークによる「正確な在庫情報」から始まるといっても過言ではありません。

　在庫管理ソフトも近年、ハード技術の進化もあって、ＤＸ化のハードルが下がってきました。入出庫管理が効率的にできれば、生産管理のレベルも上がりますし、営業が直接、在庫をチェックするなどしてビジネスのスピードも上がることは想像できると思います。

　しかし現実には、町工場の多くが「在庫は悪」だと刷り込まれて

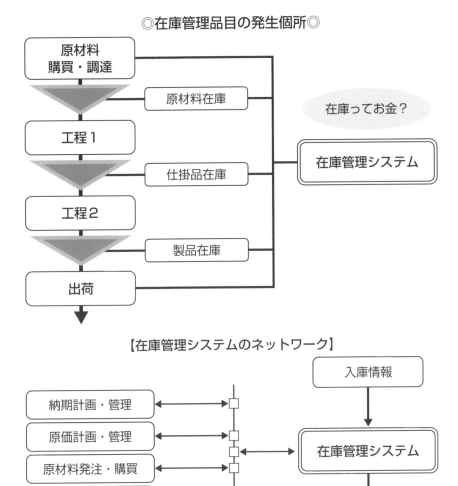

◎在庫管理品目の発生個所◎

在庫ってお金？

【在庫管理システムのネットワーク】

しまい、わざと狭い場所に保管したり、デジタル化を後回しにする
ことがあります。在庫があることは悪いことではありません。適正
な管理ができていないことが問題なのです。

　現場の作業は一苦労な面が多々あるのも事実ですが、システム化
で管理し、ミス防止などの工夫をする余地はあります。

# 5-9

## 品質管理のしかた

### ■ PDCAサイクルが工場の品質管理のキモ

　品質に対する考え方として、「品質は工程でつくり込む」とか「自工程保証」とよく耳にします。言わんとすることは理解できると思いますが、では実際には何をすればいいのでしょうか。

　品質管理については、ＩＳＯ9000の概念で現場を管理する企業が多いと思います。基本は、ＱＣ工程図（表）を制定することで全体像を明確にします。ＱＣ工程図は、各工程での作業と品質特性の管理基準を明確化して、品質保証の一覧表として作成します。

　ＱＣ工程図を作成（Ｐ）し、運用（Ｄ）して問題点やムリ・ムダ・ムラを発見（Ｃ）して改善（Ａ）する、このＰＤＣＡサイクルが工場の品質保証・品質管理のキモになります。

　そして、このサイクルを回すことこそが「品質のつくり込み」や「自工程保証」に他なりません。ＱＣ工程図には、品質データの内容と手段が明記されるので、デジタル化するべき場所が決まります。

　品質管理の重要さは、改めて説明する必要はないはずですが、大企業でさえも、その役割を軽く考えていると思わざるを得ないトラブルがなくならない現実があります。以下のような自社の管理体制を定期的に見直すしくみを持ってほしいと考えます。

①品質管理方法を明確にすることは作業方法を明確にする。見える化による情報共有化を通じて現場改善を図る。

②顧客への説明責任を果たし、信頼感の醸成につなげる。社外との密な関係を築いていくことで拡販に結びつける。

③ＱＣ工程図は新人への教育資料。全工程の作業内容と検査内容が一覧でき、役割担当の意味がすぐ理解できる。

④ＱＣ工程図は「トレーサビリティ」のしくみを形成する。顧客ま

## ◎QC工程図の参考例◎

| QC工程表 | | | 製品名 | ・・・・ | 作成日 | ○○ | 承認者 | ○○ | | |
| --- | --- | --- | --- | --- | --- | --- | --- | --- | --- | --- |
| | | | 製品番号 | ・・・・ | 最終改訂日 | ○○ | 作成者 | ○○ | | |
| | | | ライン番号 | ・・ | バージョン | ○○ | | | | |
| 工程 | | | | 管理ポイント | | | | | 記録 | 異常時の処置 | 関連文書 | 備考 |
| 工程順 | 記号 | 工程名 | 担当部門 | 管理特性/項目 | 品質特性/基準 | 設備/機器 | 作業方法 | 測定頻度 | 担当者 | | | |
| 1 | ▽ | 材料保管 | 製造 | 材料温度 | ○℃～○℃ | 温度計 | 保管標準書 | 2回／日 | ○○ | 温度 | | |
| 2 | ○ | 切断 | 製造 | 寸法 | ○mm±○mm | ノギス | 手順書 | 全数 | ○○ | 検査結果 | 切断異常処置基準 | |
| 3 | ○ | 穴あけ | 製造 | 穴径 | ○mm±○mm | 穴ゲージ | 手順書 | 全数 | ○○ | 検査結果 | 穿孔機管理基準 | |
| 4 | ◇ | 検査 | 検査 | 外観 | キズ、汚れなし | 目視限度見本 | 目視検査手順書 | 全数 | ○○ | 検査結果 | | |
| 5 | ▽ | 出荷待ち保管 | 出荷 | 保管温度 | ○℃～○℃ | 温度計 | 出荷時保管標準書 | 2回／日 | ○○ | 温度 | | |

( グレーの部分をシステムに記録すると、品質のトレーサビリティが可能
となります。それ以外の部分は文書として工程に配置します。 )

## 【QC工程図の効果】

①品質保証・管理　　②工程と検査の「見える化」
③顧客への説明資料　④新人への教育資料

　で自社の保証をするために、特にDX化に依存する部分である。

　工程表の形式に決まりはありませんが、インターネットや品質管理の本などで参考事例を探せます。そのなかから自社に合ったものを選べばよいでしょう。

　QC工程図を持っていても、活用していない企業が多く見受けられます。現場のベテランにしてみれば、頭に入っているので見る必要がないのはよく理解できます。しかし、工程表は顧客と新人のためにあるのです。見直しすることなく形骸化したため、経営に損害を与えている事例をみれば、自社で行なうべき課題は見えてくるはずです。

# 5-10

## 設備管理のしかた

### 予防保全で対応できる部分を増やす

　設備管理は、もともとは新設備の導入から運用、改善、保全そして除却までの全期間で、設備を管理下において、どの局面でも想定外の事象の防止を図ることを目的にしています。そのうち、稼働に直結する運用、改善、保全が主な管理方法となる時期が長いため、設備の劣化防止による稼働維持・改善を設備管理とすることが多くなっています。

　設備管理では予防保全で対応できる部分を増やすことが大切です。事後保全ばかりだと、幾度となく設備が停止するため生産計画に大きく影響します。保全の考え方や方法は進化していますが、ベースになる部分は変わっていません。ただ近年は、以下のような基本的な事項が忘れられてきました。

①日常保全とTPM（Total Productive Maintenance）…設備を使う作業者（オペレーター）が主体となり、全員参加の小集団活動をベースとして、全社的な保全体制構築・意識向上をさせます。日常の点検等の主役であり、「設備に強いオペレーター」となって自主管理体制をつくり、異常の早期発見などで効率化に貢献します。

②予防保全…技術部門が中心となり、設備を継続的かつ安定して稼働させるために、点検、修理、部品交換などの保全計画を立てて実行します。部品交換のタイミングは一定期間で交換する「時間基準保全」と、部品の劣化具合に応じて交換する「状態基準保全」の2通りがあります。

　最近顕著なのがIoTの活用です。設備に複数の音の周波数や振

## ◎設備の維持・管理の進化とＤＸ◎

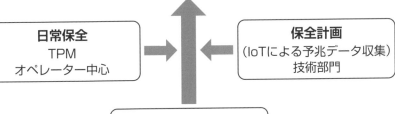

**予防保全**
設備不良の発生前に対応

**日常保全**
TPM
オペレーター中心

**保全計画**
(IoTによる予兆データ収集)
技術部門

**事後保全**
設備不良が発生したら修理

デジタル化の進展は、保有する時代から
サービスを利用する時代へ移っている。
設備を保有する ⇒ 設備の使用時間に課金など

動データのセンサーを取り付けることで、設備の状態を常に監視して、分析ツールを用いて設備の寿命管理や異常検知を行ないます。

　ＩｏＴ等のデジタル技術を活用して設備管理をデータ基準で管理することで、改善の糸口を明確にして大きな成果を出している事例が増えています。勘と経験に頼る管理と正確なデータにもとづく管理が、いかに違ってくるかの象徴的な事例です。自社に複数台の設備があれば、ＩｏＴ化しないとまったく工場の実態が見えてこないと思います。

　さらに、寿命予測にも効果を発揮しており、消耗品や潤滑油の交換などが過去には考えられなかった効率化をもたらしました。近年の事例では、高圧空気の製造機メーカーが機械を売るのではなく、使用した空気量に課金をするといったシステムを提案しています。ＤＸ抜きには実現できない新しいビジネスですが、今後も増加していくことが予想されます。

# 5-11

## これがスマート町工場の姿だ

### 多品種少量生産時代にふさわしい工場か

　ここまで、スマート町工場の計画や管理、そのあり方について見てきました。現在の町工場と比べると、生産工場としての機能には大きな差はありません。大きな違いは、デジタル技術を活用して生産計画をはじめとする計画フェーズと、生産管理をはじめとする管理フェーズが生産機能と一体となって顧客に向き合っている、ことです。このあり方が、**ハブ/ノードのしくみ（システム）** と呼んでいるものです。

　いままでは、顧客にいわれたものをつくることに集中していれば、受注できて進化してきました。顧客とのコミュニケーションのあり方を深掘りするしくみに注目した町工場は少なかったと思います。

　しかし、昭和の「大量生産」時代は過ぎ去りました。多品種少量生産時代にふさわしいビジネスモデルへの転換を余儀なくされています。すでにその方向に舵を切っていますが、大量生産・大量消費の時代よりも1つひとつのモノへの思い入れが強くなるわけです。いままでよりもっと**生産品を大事**に、**顧客の想いどおりにつくる**ことが町工場として重要になります。

　もう1つの本書の主張は、1社依存体制からの脱却による経営構造変革の必要性です。リーマンショックやコロナ禍により大きな痛手を受けたものづくり企業ですが、すべての業種が不調であったわけではなく、よくなった業種もあれば、まったく影響を受けなかった業種も存在します。苦労しても、新しい市場に対応して変わることができた事例も少なくありません。

　町工場の強みは、リアルなものづくりの現場をもっていることです。いくら悪くなったとしても、ものづくりが不要になるわけでは

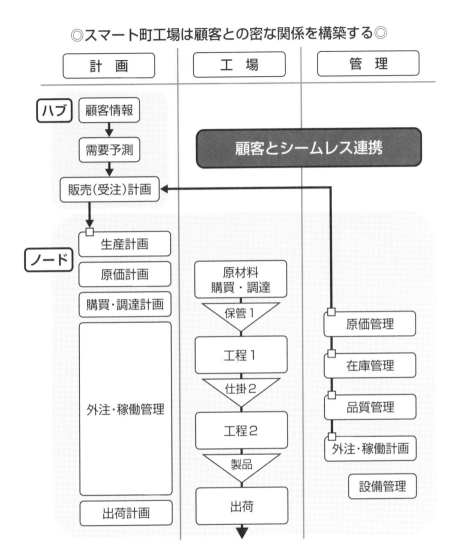

◎スマート町工場は顧客との密な関係を構築する◎

ありません。貴社を必要とする需要はどこかにあるはずです。それをどうやって見つけて自社の柱に育て上げるのかということです。

したがって、ノードとして高いものづくり能力をめざすことは当然としても、ハブ／ノードシステムを構築して、顧客目線を獲得できたスマート町工場は、多品種少量生産時代にも重要なポジションに立てると考えています。

# 多品種少量生産時代の「変身」

　生産工程においては、「効率化」の掛け声は耳にタコ状態でしょう。ただし注意が必要なのは、昭和の大量生産時代と、いまの私たちが避けて通れない多品種少量生産時代では、「効率化」の中身が違っています。

　大量生産時代は、効率化は単位時間当たりの生産数を上げることでした。少し古い方なら、ライン生産でのタクトタイム短縮に苦労されたことがあると思います。治具やラインバランスを一生懸命に考えて、コンマ何秒でもタクトタイムを詰めたのではないでしょうか。

　この努力の前提は、「この製品をつくり続ける」ことにあります。明日もこの製品をつくり続けるので、その努力が報われるのです。これが大量生産時代の「効率化」です。

　多品種少量生産時代ではどうでしょうか。まず、「この製品をつくり続ける」という前提は成り立ちません。効率化の対象は繰り返して行なわれる作業・業務ですから、多品種少量生産では対象が変わります。

　増えるのは品種を変更するための「段取り替え」ですから、段取り替え時間を少なくすることが「効率化」になります。実際には、「段取り替え時間」＋「稼働時間」を少なくすること、理想的には段取り替え時間ゼロをめざします。

　また、生産する品種がさまざまに変わる場合には、新生産ラインを設置するための工場スペースの確保も考えるべき点です。現ラインで対応できない製品依頼があったときには、新ライン設置用のスペースがなければ受注できません。多様な製品に対応する生産工程は、多様に変化できなくてはならないのです。

　これからの町工場は、変わり身の早さも身につけておきたいものです。

# 6章

# スマート工場のための
# 事業計画

Smart Factory

執筆 ◎ 神谷 俊彦（1-8・14-16項）／片岡 英明（9-13項・コラム）

# 6-1

# 経営計画も事業計画も必要か

## 経営計画を作成している中小企業は少数？

多くの経営者は、計画にもとづく経営が重要であると認識しています。中小企業白書を見る限り、国も経営計画の策定を後押ししています。しかし実態としては、経営計画を毎年作成して、社員と共有化している企業はそれほど多くはありません。

私の経験でも、支援企業で経営計画を見たことがある中小企業は10％程度です。経営計画をつくっているところは、私のようなコンサルタントを必要としていないと思うので、実態はもっと多いと思いますが、それでも30％を超えないと推察しています。

さらにいえば、経営計画という確たる定義はないために、現実には1ページ程度から、数十ページにのぼる精緻なものまであるわけですが、実効をあげるためにしっかりと書いておくのであれば、最低でも10ページ程度は必要でしょう。

## 事業計画は何のために作成するの？

事業計画と経営計画は異なります。経営全般について記述しているのが経営計画です。経営を変えることと、事業を成功させることは別問題です。経営計画は経営を改革するために作成しますが、**事業計画は事業を成功させるためにつくります**。この章では、工場のための事業計画にスポットを当てて解説しますが、多くのケースで、事業計画は経営改革を伴う内容も包含して作成します。

事業計画については、書き方が決まっているわけではありません。コンサルタントの多くは、金融機関の何らかのフォーマットを活用するか、補助金の公募要領に従って記述することが多いと思います。結局は、金融機関から融資を引き出すためとか、補助金を獲得する

## ◎経営計画と事業計画の違い◎

「経営計画」は経営全般について記述していくもので、経営計画にもとづいて立案するのが「事業計画」。

### 【事業計画】

- 事業を成功に導くための道筋を描いたガイド図
- 事業計画は関係者との情報共有ツール

### 【経営計画】

- 企業の理念やビジョンにもとづいた経営の実現をめざす計画
- 経営計画は「ステークホルダー」との情報共有ツール
- 経営計画書は１冊にまとめる

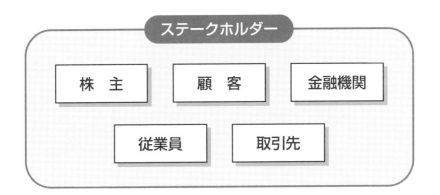

ステークホルダー

| 株　主 | 顧　客 | 金融機関 |
| 従業員 | 取引先 |

ためなどが事業計画作成の目的になるからです。

　十分に意識しなくてはいけないのは、「**情報の共有化**」です。事業計画は共有化するためにあるので、「誰と共有化するのか」は重要な視点です。もちろん、企業にとって重要な人（ステークホルダー）と共有化するので、株主や金融機関は当然ですが、人事評価に利用するために従業員との意識合わせにも大切なツールとなります。

　事業を成功させるにはビジネスモデルが重要ですが、成功する道筋を従業員と共有化しないと、ビジネスが成功しないのは明白です。

# 6-2

## 事業計画の構造はどうなっている？

### まずはビジネスモデルと売上計画の作成を

事業計画に書かなければならないこと・書きたいことはたくさんありますが、それを全部決めていくには労力がかかります。そこで、戦略的思考で構造化して、効率的に書けるようにつくりましょう。

事業計画を作成する前提として、経営をどう変えていくのかを経営計画に示しておく必要がありますが、事業構造がシンプルな町工場では、わざわざ経営計画と事業計画を分ける理由はないかもしれません。

その場合は、事業計画を記述する前に、「経営理念」「ビジョン」「経営目標」「経営戦略」などを示しておくのが有効です。そして、次に「事業計画」となるわけですが、どのような目的であれ、**「計画」を作成するときには「目標」が必要**です。事業目標が定まらないと「計画」はつくれません。

「事業目標」は、達成結果を「確認」できなければなりませんから、売上・利益の数値であったり、顧客数であったり、開発した商品数であったり、市場シェアであったり、といろいろ考えられます。目標が固まれば、それをどうやって達成するかの方法論に議論が移りますが、一般的に事業目標は経営者が最終決断するものです。

事業計画の作成には2つの段階が必要になります。第1段階は「ビジネスモデルと売上計画」の作成です。第2段階はそれを確実にする事業戦略と各論（営業戦略、生産戦略など）です。

「ビジネスモデル」という言葉には慣れていないかもしれませんが、「誰に・何を・いくらで・いくつ売るのか？」を明示することを「ビジネスモデルの策定」といいます。そのビジネスモデルをもとに、3年から5年でどれくらいの売上・利益を達成するのか、というの

◎事業計画に限らず計画には目標が必要◎

- ●事業計画を策定するうえで重要なのは「目標」。これを真っ先に決めておかないと事業計画はつくれない。
- ●計画というからには、組織・役割分担・スケジュール・予算などの策定が必要。
- ●計画書のひな形はさまざまな形でネットから拾うことができるので、自社に合ったものを選ぶ（あるいは加筆修正する）のがよい。

【事業計画に必須の記載事項】

| いきさつ | ビジネスモデル | 効　果 | リスク分析 |
|---|---|---|---|
| なぜやるか？ | なにをやるか？ | 得られる果実 | リスク回避方法 |

ビジネスモデルとは
　　⇒「誰に何を売るの？」ということを明記した図

たとえば、魚屋さんのビジネスモデルは、「魚を卸業者から仕入れて、店に来るお客様に売って利潤を獲得する」ということ。現実には、このような単純なことでは実在する魚屋さんのビジネスモデルを説明することはできないが、難しく考えすぎて詳細に描こうとしても表現しきれなくなる。ほどほどの意識で。

が「売上計画」です。

　第1段階が終わらないと第2段階には移れませんが、第1段階の検討過程で、ビジネスモデルを確立させる方法論も議論しておかないと結論は出せないと思います。第1段階から第2段階への移行にそれほど明確な境界線は引けませんが、第2段階が終わると次のステップとして、戦略にもとづく業務設計と人材育成を取り込んだ事業計画を作成することになります。

# 6-3

# ビジョンと事業計画の関係

## 理念やビジョンがあれば、事業計画も作成しやすい

事業計画における「理念」や「ビジョン」の果たすべき役割について触れておきましょう。

事業計画は、経営をどう変えたいのかを示すことが前提になるということは6－1項で示したとおりです。

経営目標と経営戦略は、会社や人によって独自のスタイルで事業計画書に書けばいいのですが、一般的には、経営目標は具体的な数値（たとえば売上高やシェアなど）で示し、経営戦略は目標を達成するための道筋を示すものです。経営目標の作成の過程では、その実施体制や実現方法まで考えなければならないので、経営戦略を練ることが必要になるわけです。

事業計画は短期的な見方で、経営計画は中長期的な見方になりますが、経営目標の作成にはマクロ環境や長期的視点も視野に入れなければならないので、**自社の企業理念やビジョンを定めて、実現に向けた具体的な目標を設定するのが効果的**です。

理念やビジョンというのは、多くの企業が自社独自の表現方法を使っています。しかし一般的には、理念は企業がそのステークホルダー（関係者）と共有したい価値観を示し、ビジョンはその企業のありたい姿を表現します。

価値観（理念）はいろいろ考えられますが、「地域とともに…」「自社の技術で貢献…」「環境を重視する…」などは、ものづくり企業でよく使われる言葉です。

ありたい姿（ビジョン）もいくつもの表現が使われていますが、「10億円企業になりたい…」「地域No.1になりたい…」「毎年、新商品で貢献する企業でありたい…」などが典型的な例です。

## ◎企業に必要な「理念」「ビジョン」とは◎

- 「理念」は企業が自社の存在意義を主張しながら、社会と共有したい価値観を示す。
- 「ビジョン」はその企業のありたい姿を表現する。

### 【共有したい理念（価値観）の例】

「地域とともに…」「自社の技術で貢献…」「環境を重視する…」「人と社会と地球のために…」「お客様とともに…」「お客様に○○を届けたい…」「○○のものの価値をつくり…」などの言葉が一般的に使われるが、中小企業のオリジナル創作も多い。

### 【共有したいビジョンの例】

「10億円企業になりたい…」「地域No.1になりたい…」「毎年、新商品で貢献する企業でありたい…」などが典型的だが、近未来のうちに実現したい企業の姿を表現することが多い。

## 経営目標とビジョンの関係は？

- 経営目標は、ビジョンを達成するために策定するもので、ビジョンをより具体的にしたもの。
- 経営目標は、達成できたかどうか評価できないといけないので、数字やデータで示すことが望ましい。

このように理念やビジョンがあれば、経営目標を決めることがより効率的・効果的となります。経営目標が決まれば、それを達成するための戦略も定まり、事業計画の作成に移行できます。

ただし、理念やビジョンは毎年議論するようなものではありません。しかし一度策定したら、社内で徹底的に議論したうえで、全社で共有しておくべきものです。

# 6-4
# マーケティング志向の
# 事業計画とは

## 工場にマーケティング戦略は必要？

　事業計画には、マーケティング戦略も織り込む必要がありますが、自社のマーケティング戦略を明文化できている工場は少数派です。

　そもそも、「工場にマーケティングは必要か？」という根本的なことから考えていかなければなりません。もちろん、多くの工場の経営者は、マーケティングに関心をもち、戦略的に取り組んでいますが、マーケティングというのは勉強すればするほど複雑で、あるレベルに達すると立ち止まってしまうのが現実です。

　マーケティングは、工場の課題解決に寄与してくれますが、具体的なマーケティング戦略は多くの識者によって数多く提唱されており、資本規模や取り扱う商品（製品）・サービス、業界に応じて実施する内容は異なるとされています。そのため、事業計画に反映させるのも難しそうにみえるのです。

　しかしマーケティング戦略は、**工場に必要な部分をシンプルに定義することで十分**です。マーケティングとは「お客様とのコミュニケーション」だからです。どんなコミュニケーションかというと、「自社の商品・サービスに関する情報交換」「お客様のニーズや不満を引き出すための会話」が主な役割です。

　マーケティングとは、お客様と会話するために商品や顧客情報が整理されて、お客様とのキャッチボールで自社の戦略に使える情報に落とし込む行動です。「経営目標や経営戦略に使える情報やデータは何か」を定義して整理しておくと、有効なマーケティング戦略を組み込むことができます。

　一般的に工場がほしい情報は、「自社商品やサービスに対する満足度」「潜在的ニーズ」であり、「お客様の基本情報（資本金、業種、

## ◎事業戦略のなかのマーケティング戦略とは◎

- 「顧客に対し、どのような価値を提供していくか」「自社や自社製品とどのような関係を構築していくか」といった計画を立てることがマーケティング思考。
- 顧客とどのような関係を構築していきたいのかを示し、その進め方を具体的に描いて組み込んでいく。

工　場　　⇄　　お客様

## 【工場のマーケティングはお客様との会話から始まる】

- では、「何を会話するのか？」ということが重要になるが、そのテーマは主に以下の2つ。
  ①自社の製品価値を顧客に伝えていくための会話
  ②顧客のニーズを知るための会話
- 会話といっても、直接話をすることだけがその手段ではない。いろいろな情報を集めて、自社に有益なニーズを探索することも必要。
- マーケティングとは、情報の地道な収集と分析という作業であり、少ない人材では限界があるので、デジタルの力を使い、正確で速い動きをめざしていこう。

売上利益など）」「購買履歴」と結びつけて自社戦略に利用します。

　当然のことながら、工場のほしい情報はネットで簡単に拾えるものではありません。重要顧客1社の情報をとるだけにも、計画的に汗を流して収集しなければなりません。

　したがってマーケティング戦略には、自社でほしい情報をどのようなアプローチで獲得するかという方法論まで記しておくことをお勧めします。

# 6-5

# 事業計画に使う
# ＳＷＯＴ分析の活用法

## クロスＳＷＯＴ手法と意思決定手法を使って戦略化

　ビジョンを実現する経営戦略を策定するためには、自社の分析を
して方向性を決めることが必要になります。その際に私たちコンサ
ルタントは、**ＳＷＯＴ分析**で企業の実力を整理することがよくあり
ます（1－6項参照）。戦略を合理的に決めるには、自社の特質を
理解して、成長している分野で稼いでいこうというのが、過去から
の定番的な戦略の決め方なのです。

　ＳＷＯＴ分析は、詳しく説明しなくてもいいくらい有名ですが、
2021年に実施された事業再構築補助金の公募要領にも、補助事業の
具体的な取組内容を説明するために、現在の事業の状況として「強
み」「弱み」「機会」「脅威」に分けて記述することが示されました。
政府の資料にも、経営戦略策定ツールを代表する手法としてとらえ
られているようです。

　ただしＳＷＯＴ分析は、自社の事業戦略を説明する手法ではあり
ません。しっかりした現状分析をしてから、**クロスＳＷＯＴ**の手法
を用いて戦略を決めるための手法です。クロスＳＷＯＴで得られた
可能性のうちどれを選ぶかは、**意思決定手法**を使って選択したあと
に、自社の戦略を立てることになります。

　ＳＷＯＴ分析では、企業を取り巻く情報をたくさんあげて4つの
パターン（強み・弱み・機会・脅威）に当てはめて、戦略の方向性
を検討します。戦略策定の最も一般的なやり方は、「強みを活かし
て機会をとらえる」という項を中心として戦略案を複数案選び出し、
意思決定手法（マトリックスやデシジョンテーブルなど）でデータ
化や見える化し、関係者全員の納得のうえで決定することです。

　ＳＷＯＴ分析から意思決定手法を使い、客観性や意思疎通などの

## ◎ＳＷＯＴ分析と意思決定◎

①ＳＷＯＴ分析で自社の現状分析・事業環境分析を行なう。
②クロスＳＷＯＴ手法を用いて戦略を決める。具体的には、自社の
　強みを成長市場に対応するなどで基本戦略案を立てる（そのとき
　に発想力を駆使するといい戦略づくりができる）。
③クロスＳＷＯＴで得られた可能性のうち、どれを選ぶかは意思決
　定手法を使って選択し、検証を加えて最終決定とする。

### 【フレームワークを効果的に使うとよいデシジョンが生まれる】

● 「事実を把握できていない」「強みと弱みの区別がついていない」「複
　数案を比較していない」などがよく見られるケース。
● 意思決定のフレームワークには、「プロダクト・ポートフォリオ・
　マネジメント（ＰＰＭ）」「マトリックス」「デシジョンテーブル」
　などがある。

### 【意思決定手法の例（マトリックス）】

|  | 収益性 | 実現性 | 将来性 | ・・・ | リスク | 総合評価 | |
|---|---|---|---|---|---|---|---|
| 重みづけ | 10 | 8 | 8 | --- | 6 | | |
| A案 | 10 | 8 | 7 | --- | 8 | 440 | B |
| B案 | 9 | 9 | 10 | --- | 7 | 480 | A |
| C案 | 8 | 10 | 8 | --- | 9 | 415 | C |
| D案 | 7 | 10 | 6 | --- | 10 | 420 | C |

（参考：『問題解決手法の基本と活用法』（アニモ出版））

　要素をバランスよく取り入れて戦略を決定します。この点を事業計
画に織り込むことが、事業計画策定のカギになります。
　以上、簡単に紹介していますが、実効ある成果を引き出すために
は、専門家をうまく活用しなければなりません。どんな小さな工場
でも、何が強みで、何が機会かなどの事実関係を整理するのは１日
がかりの作業になります。社長の勘や経験で事業計画を策定するよ
りも、主要な従業員とともにつくって共有するのが成功への道です。

# 6-6

# 事業戦略から課題を抽出する

## 🏢 プロジェクト管理を行なって現実的な課題を着実に遂行

　事業戦略を決めたら、目標を達成するためにはいくつかの課題があるはずです。その課題を整理しなければなりません。総じていえば、戦略的な方向性が定まっても、現実的な課題に落とし込まなければ事業計画としては不十分です。

　現実的な課題というのは、本書でもすでに述べているように、プロジェクト管理手法を活用して計画を推進します。その際には、少なくとも次の4点は必要です。

①組織をつくり、リーダーを決める

②スケジュールを明確にする

③役割分担を決める

④予算案を策定する

　一般的に工場のプロジェクトでは、新しい事業や計画のために必要な武器（設備やITシステムなど）は決まっていることが多く、誰が何をやるのかも明確な場合が多いはずです。課題設定はスムーズに決まり、実施段階でも苦労することは少ないでしょう。

　このような進め方は、どの企業でも経験があるはずです。この段階までくると、全員が課題を共有化して相互で助け合う状況が自然とできてくるでしょう。別の言い方をすると、「成功のカギ」はプロジェクト管理を行なって、上記4つの現実的な課題を着実に遂行することです。

　仮に、課題設定とその実現策について議論が不十分なまま実施段階へ進んでしまうと、やっかいな問題（実現を阻むような問題）が出てきます。その問題の多くは、前段階や計画段階のなかに原因が存在するはずです。問題が出てくると、予算やスケジュール計画に

## ◎事業戦略から課題設定へ◎

事業戦略が定まったら、その戦略目標を実行に移すために、プロジェクト管理体制を構築し、次の4点を実行に移す。
- ①組織をつくる　　　②設備や装置を購入する
- ③担当者を決める　　④顧客との情報交換を行なう

### 【具体的な行動方針を立てるためのチェックポイント】

| | |
|---|---|
| □ 成功のイメージができているか？ | QCDを数字で評価 |
| □ 事実の裏づけはとれているか？ | |
| □ 関係者との関係構築はできているか？ | 関係者を明確に |
| □ リスク分析はできているか？ | |

### 【予算とスケジュールを決めれば課題は見えてくる】

ものづくり事業の場合には、次のことが必要となる。
- 成功とはQ（品質）、C（コスト）、D（工期）の目標が達成すること
- 達成レベルは、数字で明確化できること
- 顧客とも数字で共有しておくことが望ましい

大きな狂いを生じさせることになります。特に、新型機械の導入やIoT化などは社内に専門家がいないために解決が遅れることはよくあります。

　事前のテストでは精度が出ることを確認できたのに、本番機ではどうしても再現できないなど、中小規模の工場とはいえ、「開発会社のような産みの苦しみ」を味わうことになります。

　事業戦略における具体的な課題設定は難しくはないのですが、気を抜けない重要な成功ポイントになります。

# 6-7

## 技術戦略と
## 技術の独自性・優位性・新規性

### 自社技術の強みを表現できるか

　事業計画のなかに、自社技術の現状から強化策までを含めることは重要です。

　「技術の独自性」を聞かれて、即答できない企業が多く存在します。私の経験では、独自性がないというよりは、すでに独自性（や他社優位性）を備えているが、蓄積された経験やノウハウに立脚しているケースが多く、意識的に育成してきた経験がないため答えられないと考えられます。

　「ものづくり」は簡単に分類できるものではなく、「差別化できる部分は？」と聞かれても簡単には答えられません。

　技術の強みの表現方法は、「**スペック**」「**実績経験**」「**人材**」「**顧客評価**」の4つです。

　たとえば、「スペック」の表現事例としては、加工方法やその精度、造形方法や機能性、短納期など、切り口は無数にあるといえます。まして他社に勝っているかどうかの優位性などは、全国の工場と比較しないと説明できません。現実的には優位性など気にしなくても、受注はできているはずです。

　工場の独自性や優位性というのは、実はお客様のほうがわかっています。お客様は、貴社に競争優位性を認めています。しかも、他社に比べて品質・コスト・納期に満足しているから発注してくれるわけです。

　「私の会社のどこがいいのでしょうか？」と聞いてみれば（お客様のなかでも適切な人に聞かなければなりませんが）、自社が考えていない点で評価してもらえているかもしれません。

　この点は、事業を進めるうえで一番重要であり、自信をもって自

152

## ◎技術の優位性、独自性、新規性の表現方法◎

ものづくり企業の場合には、優秀な機械部品工場であったとしても、その優位性がどこにあるか、誰に聞いてもわからないことがしばしば発生する。

### 【一般的な表現方法】

①4M（要素）による表現（製品の製造に関わる事項）
　Man：人、Machine：機械、Material：材料、Method：方法
②企業のもつ力量（QCD）の表現
　Q：品質、C：コスト、D：納期（例：三ッ星評価で☆☆★）

### 【実態に合わせた優位性・独自性の表現方法】

| スペックから | 品質表現とメソッドを組み合わせる（例：10μの精度を出す技術力） |
|---|---|
| 実績経験 | 継続は力（例：大企業に製品を10年間納入） |
| 人材の観点 | 技術者の質と量、資格者の質と量、組織力など |
| 顧客評価 | 新聞や雑誌、著名な団体からの評価 |

社の将来計画を作成するためにも押さえておきたい部分です。既存事業を発展させるときも、新事業に乗り出すときにも役に立ちます。

　工場の技術戦略の説明には、アンゾフの多角化戦略が基本となります。すなわち、自社技術を明確にできたら、そこを支点（PIVOT）にして、どの方向に向いていくのかを決めていきます。産業機械部品工場が自社技術を活用して医療機器部品に挑戦するという事例などもあります。

　中小企業には、何をするにも**自社技術をよりどころにした多角化**しか成長戦略はありません。そのためにも、自社技術の独自性・優位性は、事業計画で意識して育てていきたい優先課題になります。

# 6-8

# 付加価値アップと事業計画の策定

## 工場が生み出せる付加価値とは何か

　ものづくり補助金では、「付加価値＝営業利益＋人件費＋減価償却費」で計算しています。数字で表わせばそうなのでしょうが、事業計画に織り込む際にはそれだけでは不十分です。その付加価値を生み出す構造（エンジン）を記述しなければなりません。

　現場・現実主義者で知られる鈴木修氏（元スズキ株式会社社長）が付加価値について述べた次のような名言があります。

　「スズキは3,000億円しか付加価値を生み出していない。スズキは中小企業なんだ」と。

　売上高３兆円の企業を中小企業といえるかどうかは横においても、製造業の付加価値を端的に表現しているドキッとする言葉です。スズキが、この付加価値を徹底してアップさせる努力をした結果、現在の軽自動車業界における地位を確立してきたのは尊敬するしかありません。多くの工場は、このスズキのような付加価値向上をどこかで参考にしているはずです。

　日本の工場は顧客にいわれるままつくるよりも、何かしらの**プラスアルファをつける工夫**を怠りません。過剰スペックともいわれる日本製品の品質の高さは、必ずしも顧客の要求を満たすだけで満足することなく、職人魂ともいえる最高の精度を出してくる現場の意欲からも達成している部分があります。

　工場はいつも、このプラスアルファで勝負しています。そうでないと負けてしまう危機感があるからです。そのことは、決して悪いことではないのですが、そういったプラスアルファ部分が営業利益の向上につながらないと、付加価値額がアップしたことにはなりません。

## ◎「売り手よし、買い手よし、世間よし」の技術力磨き◎
### （付加価値をつける例としてサニタリー製品を紹介します）

サニタリー製品は、食品や化学工場に使う配管関係の部品で衛生度を特に重視する目的でつくられるものです。ゴミや洗浄液が入り込む細かいすき間がない・分解しやすい構造などを指します。コンタミネーション（汚染）を嫌う医薬品・食品・化粧品などでは必須の部品です。

### 【衛生度を高めるということは、どういうことか】

- 配管のなかや外に汚れや黴菌が残りにくい構造、洗浄しやすい構造であるということ。
- 食品・飲料・医薬・バイオテクノロジーなど、多様な製造ラインで幅広く使われ、要求スペックは、ばらしやすい構造、表面平滑度など。

### 【ものづくりの付加価値のポイント】

- サニタリー製品の部品メーカーは、要求仕様以上の工夫をする
- 金属加工、磨き、溶接、曲げ、材質、形状の工夫などがその手段
- ありとあらゆる手法を使って、スペックを全うする
- スペック以上の性能を提供する努力が付加価値向上につながる

　大企業などによる「提案力コンテスト」などで、そういう付加価値の事例を見ることができますが、努力のつまった製品は高く買ってもらわないと意味がありません。営業利益につながる付加価値向上は、お客様の情報を効率的に収集して、特性を理解して差別化ポイントを見出す努力により生み出すことができます。

　がむしゃらに技術・技能を磨くのではなく、「売り手よし、買い手よし、世間よし」になる技術力磨きが求められているということです。

# 6-9

# リスク管理の必要性

## 事前にリスクの影響を想定し、対応を考える

　東日本大震災では、被災地の企業はもちろん、地震被害のない地域でも多くの企業がその対応に大汗をかきました。そもそも工場が計画停電により稼働できなかったり、東北地方の部品工場から部品が届かず稼働休止となったり、いろいろなことが起きました。これ以降、企業の自然災害リスクへの関心が高まったかもしれません。

　企業のリスクにはさまざまありますが、成り行きに任せるのではなく、事前に影響を想定しておき、その影響の程度によってリスクにどう対応するかを決めておくのが**リスク管理**です。環境の変化等で影響の想定が異なれば、リスク管理を改訂します。スマート町工場では、ネットワークで顧客の要求に応えますから、ネットワークの構成企業が同じリスク管理レベルであることが望ましいのです。

①リスクの分析

　リスク管理で考えるべきことは、「何が起こるかわからないので不安になる」という状態の解消です。相手が見えないままでリスク管理はできませんから、どんなリスクがあるかを「見える化」することから始めます。

● **リスク分析の目的を具体的に言葉にする**…どんなリスクなのか、具体的にすることが肝心なところです。「事業計画を阻むもの」を最大範囲とします。

● **リスクの発生源、発生原因の想定**…一般的なリスク発生源を考える観点は、自然災害以下、右ページ上表の７項目があります。事業に絞れば、ＰＥＳＴ分析がヒントになります。

②**対応するべきリスクの優先順位づけ**

　これには③リスクの影響度と⑥リスクの発生頻度の２ステップが

## ◎リスクの発生源を考える際の観点◎

| 観点の例 | 発生源・発生原因の例 |
|---|---|
| 自然災害 | 地震、津波、風水害、感染症 |
| 事故・故障 | 火災、交通事故、設備故障、サプライチェーンの寸断 |
| 製品・サービス | 製品不良、ＰＬ、クレーム対応 |
| コンプライアンス | 法令違反、知的財産権侵害　情報漏洩、犯罪 |
| 環境 | 規制対応、環境汚染、廃棄物処理 |
| 労務 | 労災、ハラスメント、メンタルヘルス、過労死 |
| 情報 | サイバー攻撃、システムダウン、顧客情報漏洩 |

【対応策は@ⓑの評価に応じて下のリスク分析図のように考える】

あり、それぞれで評価します。「@×ⓑ」の評価が高いものを優先
順位が高いとして対応策を考えます。

③リスク対応の方法

　リスクがわかっても、対応方法をあらかじめ決めておかなければ
なりません。その方法は次の4パターンです（上の分析図参照）。

　1：リスク低減・適正化、2：容認、3：保険、4：撤退・中止

# 6-10

## ＢＣＰ／ＢＣＭの対応

### リスク対応に効果がある事業継続計画の策定

　内閣府の事業継続ガイドラインでは、**事業継続計画**（Business Continuity Plan：ＢＣＰ）は、「大地震等の自然災害、感染症のまん延、テロ等の事件、大事故、サプライチェーン（供給網）の途絶、突発的な経営環境の変化など不測の事態が発生しても、重要な事業を中断させない、または中断しても可能な限り短い期間で復旧させるための方針、体制、手順等を示した計画」です。

　さらに、**事業継続マネジメント**（Business Continuity Management：ＢＣＭ）が定義されており、「ＢＣＰ策定や維持・更新、事業継続を実現するための予算・資源の確保、事前対策の実施、取組を浸透させるための教育・訓練の実施、点検、継続的な改善などを行う平常時からのマネジメント活動であり、経営レベルの戦略的活動として位置付けられる」とされています。

　ＢＣＰの効果は、非常事態発生の直後から業務への影響を極力少なくすることで、顧客の信用を維持して事業を継続することにあります。前項のリスク管理との違いは、ＢＣＰは実際に非常事態が発生したときの復旧計画であり、より緊急度が大きくなります。

　ＢＣＰの立案は、以下の２ステップで考えます。

①止められない業務の抽出…対象業務の選定
②いつまでに復旧すべきか…許容時間内に操業復旧

　ＢＣＰでは、非常事態発生下での優先順位に沿って復旧を進めます。担当者間で合意できるものではなく、上記①、②とも経営トップが最終判断すべき事項です。もちろん、いったん決定しても経営環境は必ず変化するため、ＢＣＭ活動としてＰＤＣＡサイクルにより計画を具体化・改善し、定期的にＢＣＰの見直しを行ないます。

## ◎時と場所を選ばず起きるビジネスのトラブル◎

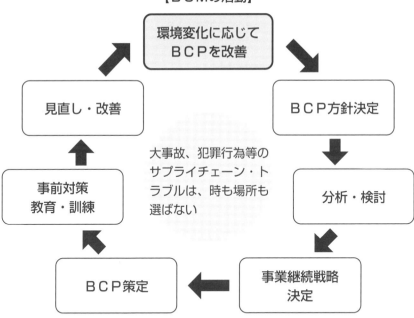

**BCM**
定常的な経営レベルの
事業継続マネジメント活動

**BCP**
事業復旧のための
方針、体制、手順等の計画

【BCMの活動】

環境変化に応じて
BCPを改善

見直し・改善

BCP方針決定

事前対策
教育・訓練

大事故、犯罪行為等の
サプライチェーン・ト
ラブルは、時も場所も
選ばない

分析・検討

BCP策定

事業継続戦略
決定

　事業計画とは直接関係はないかもしれませんが、企業としての対応のしかたはしっかり決めておかなければなりません。企業内外で起こる問題の対応について、かねてから想定していた企業とそうでなかった企業の差は明確に出ています。

# 6-11

# 自然災害リスクへの対応のしかた

## 「事業継続力強化計画」を活用する

　中小企業庁は、中小企業が策定した防災・減災の事前対策に関する計画を、経済産業大臣が「**事業継続力強化計画**」として認定する制度をつくっています。

　この制度は、中小企業の自然災害やコロナ感染症等に対する事前対策（防災・減災対策）の促進が目的です。認定を受けた中小企業は、税制措置や金融支援、補助金の加点などの支援策が受けられます。

　最近では、自治体のホームページにハザードマップが掲載されていて、自然災害の可能性が「見える化」できています。コロナ感染症の影響や対応策も具体化されていることから、この制度ではすべての企業が同じように対応しなくてはならない自然災害とコロナ感染症について、まずＢＣＰの立案を勧めています。

　事業継続力強化計画に記載する項目は、以下の４つです。

①**市町村が公表しているハザードマップ等を活用した自然災害リスクの確認方法**

　地震災害、洪水、土砂災害等の影響を地図上で示しています。マップで企業の住所を見れば、リスクがわかります（157ページのリスク分析図を参考に対応の具体策を決めます）。

②**安否確認や避難の実施方法など、発災時の初動対応の手順**

　災害時の災害対策本部の設置や避難訓練の実施など、事前に準備すべきことがわかります。

③**人員確保、建物・設備の保護、資金繰り対策、情報保護に向けた具体的な事前対策**

④**訓練の実施や計画の見直しなど、事業継続力強化の実行性を確保**

◎自然災害に備えるために行なうこと◎

## ハザードマップを見る！

東日本大震災が起こるまでは、津波の想定はまった
くないのと同様であったし、洪水や土砂災害も現実
味を帯びたのは最近のことである。
自社が問題ないと考えるのはいいとしても、顧客も
納得してくれるかが問題。

「事業継続力強化計画」の対象
①自然災害
②コロナ感染症

【事業継続力強化計画作成の進め方】

| 事業継続力強化の目的検討 | 災害リスクの確認と認識 | 初動対応の検討 | ヒト、モノ、カネ、情報への対応 | 平時の推進対策検討 | 計画書の作成 |

するための取組み

　中小企業庁のホームページにある記載例を参考に、自社の自然災害とコロナ感染症に対するBCPを検討して記入することで、計画書は完成します。

# 6-12

# 企業内部のリスクにも要注意

## ■ PL法について理解しておこう

　企業の内部から発生するリスクには、製品に関するもの、内部情報の漏洩に関するもの、労務に関するもの等があります。このうち、製品に関するものとして**製造物責任法（ＰＬ法）**があり、スマート町工場でも注意すべき法律です。

　ＰＬ法では、「過失がなくても、製造物に関して使用者に損害が発生した場合に製造事業者が法的責任を負う」と定めています。具体的には、製造物の通常の使用において、以下の３つのことが事実なら、「製造物責任を認める」としています。

①**製造物に何らかの欠陥があること**…壊れていたということではなく、もっと広く「設計、製造、表示において通常有すべき安全性を欠いている」ことが欠陥になります。ただし、ソフトウェア等の無形物や製造物の修理品は製造物責任の対象外です。

②**損害（被害）が発生したこと**…使用者自身やその財産の被害が対象です。

③**製造物の欠陥による損害であること**…製造物を通常どおり使っていて被害を受けたのであれば、因果関係が認められます。被害者には、製造上の欠陥や過失の立証責任はありません。

　ＰＬ法は1995年に施行されましたが、それ以降、企業は品質問題が発生した際は、積極的にリコール（製品回収）するようになりました。企業にとって、製品の安全性の欠陥により消費者の生命や身体に損害を与えることは、重大な品質問題であり、その対応を誤ると大きな経営問題になるからです。

　ＰＬ法の対象となる企業は、単に製品を製造した企業だけではなく、設計や組立、加工をした企業、海外からの輸入品の場合には、

◎中小企業に忍び寄る法的なリスクは増加する一方◎

## ＰＬ法の対象となる３つの条件

**①製造物の欠陥**

> 製造物の欠陥とは次のどれか
> - 設計上の欠陥
> - 製造工程での欠陥
> - 指示・警告の表示の欠陥

**②身体・財産の損害**

**③上記①による上記②の損害**

【中小製造業の対応】

中小製造業の場合、顧客に自社製品が届くまでには、複雑な経路をたどることが少なくない。
また、善意の人間ばかりが扱っているとも限らない。

### 必要十分な保険を掛けておく手段を検討する必要がある

輸入した企業、製品の表示に関係した企業なども含まれます。

　スマート町工場がこのリスクに対応するには、トレーサビリティを意識して記録を残すことが有効です。たとえば、食品の金属片混入事件では、金属探知機に関する記録や、機械や器具を点検して欠け等がないことを確認した記録などにより、「製造工程での欠陥がない」と認められました。

　もちろん、157ページのリスク分析図で「頻度大×影響中」なら、ＰＬ保険に加入して対応するのも立派なリスク管理です。

# 6-13

## 情報セキュリティに対処しよう

### 複雑化するセキュリティ問題にしっかり対応を

　企業の**情報セキュリティ問題**は、年々深刻な課題となっています。スマート町工場のハブ／ノードシステムは、ネットワークが情報共有の要ですから当然、十分な対策が必要となってきます。

　情報セキュリティ問題は、どんな大企業でも完璧な対応はとられていません。優劣があるだけです。町工場ならなおさらリスクがありますが、お客様の重要情報・個人情報・自社企業秘密をもっている限りは、何もしないわけにはいきません。

　重要な企業ではないといっても、ゲーム感覚で狙われて生産システム全体が止まってしまう時代になりました。残念ですが、インターネット時代は便利と危険性を一体で管理する必要があります。

　一昔前は、何者かが自社のコンピュータシステムに侵入し、機密情報や顧客情報が流出したというニュースもありましたが、最近は、情報を漏らすのは内部の人間です。これは、大企業と付き合いのある会社ならば、すでに幾度となく対策を迫られているはずです。

　情報セキュリティ問題は、心配しすぎる必要はありませんが、年々技術も向上し、犯罪も巧妙化しているので**第三者に定期的に見てもらう必要**がありますし、自社内でも**最低限のことができる教育**が欠かせないところです。

　一例をあげれば、有名な**ランサムウェア**（人質ソフト）と呼ばれるコンピュータウィルスの被害例が増えており、大企業が次々に被害があったことを報告しています。関連セミナーでの被害状況アンケートでは、約３分の１の参加社が何らかのウィルス被害を受け、復旧までに１週間程度かかったとの報告もあります。

　感染すると、つながっているファイルがすべて勝手に暗号化され

## ◎スマート化の裏側に情報セキュリティ問題がある◎

●犯罪側は、常にセキュリティシステムの甘さをついてくる
●特に、データは財産でもあるので暗号化・二重化などで管理
●重要情報を漏らすのは内部の人間が圧倒的に多いという事実
●自社が被害者になるだけでなく、いつのまにか加害者側に！
●自社のセキュリティの甘さをつかれて加害者の拠点にされる

### 【ランサムウェア攻撃】

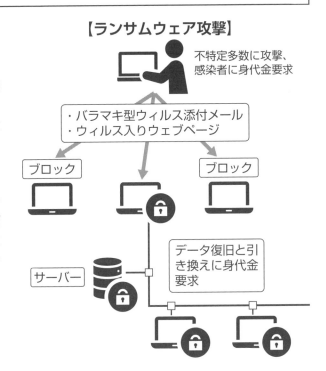

情報管理体制は、一朝一夕には構築できないし、年々新しい手口が発生する。

適切なセキュリティ管理を事業計画に盛り込み、常に維持・強化しなければならない。

不特定多数に攻撃、感染者に身代金要求

・バラマキ型ウィルス添付メール
・ウィルス入りウェブページ

ブロック　　ブロック

サーバー

データ復旧と引き換えに身代金要求

てしまいます。そうなってから、犯人側は「暗号化データを元に戻す身代金」を要求してきます。大企業はガードが固くなりつつありますので、次にはセキュリティの甘い中小企業が狙われます。

　ウィルス対策自体は、他のセキュリティとも共通です。最新のセキュリティシステムやデータ保護ソフトの使用、社員に情報取扱いルールを徹底することなどです。保護の方法など公開されていますので、担当を決めて最新情報を取り入れることは重要です。

## 6-14
# 未来づくりと人づくりの
# 次世代育成計画とは

### 事業計画には未来志向の人づくりのしくみを取り入れる

　社長の悩みは優秀な人材確保にあり、中小企業白書にもその人材育成や確保に対しての支援策がしばしば述べられています。しかし、政府の施策と現場のニーズが必ずしも一致しないことは、新聞・専門誌でも論じられています。そのため、政府の施策に依存しないキャリアコンサルタント系の育成論は人気があり、活用されています。

　しかし、その多くは大企業・中堅企業向けであり、町工場レベルで参考になることは多くないようです。町工場の事業計画で、ＯＪＴを超えるレベルの人材育成計画を有するところは多くありません。

　ものづくり系の事業計画に織り込むべき人材育成プランはシンプルです。そもそも小規模事業者には、選択肢は多くありません。

●企業がほしい人材の概要 ⇒ 管理者？ 作業者？ 熟練工？

●どうやって獲得するか？ ⇒ 人材募集（労働条件の明確化）

●新人や従業員をどのように教育するか？ ⇒ 外部機関？ ＯＪＴ？

　このような内容の計画は、ふつうの企業であれば過去にも実行してきたはずですが、あまり成功していないということは、何かが不足していたからでしょう。工場が必要とする人材は日本にはたくさんいるのに、マッチングできなかった原因は以下のように考えられます。

①新３Ｋ（給与・休暇・希望）に関する不満（給与のレベルなど）

②労働環境、とくに「職場の雰囲気」に問題がある

③従業員に「必要とされている」実感がわかない

④労働条件に問題があり、多様な働き方ができない

⑤企業の成長性・仕事の意味（企業理念や将来性への共感）などが
　不明

## ◎ものづくり人材の育成のポイント◎

> ### 未来づくりのカギは「労働生産性」にあり

### 【活躍するデジタル人材】

> ものづくり人材の育成がうまくいっている企業では、生産性向上の
> カギをデジタル化に求め、その人材を活用している。

### 【スマート町工場の人材育成の現状】

- 企業がほしい人材は作業者？ 熟練工？
- いまの若者は過去の育成方法では育たない
  ⇒現場で本当にほしい人材は生産性の高い人材であり、現場の
  　自動機械を使いこなせることが求められる
- 切粉（鉄の削りカス）や油の匂いを知らない若者でも、タッチパ
  ネルは使いこなせる。熟練工より習得は速い
- かつては現場を肌感覚で知り、親方から学んできた
  ⇒タッチパネルを覚えてから、切粉を覚える時代に。だから、
  　カリキュラムは変えないといけない

> もののつくり方が変わってきたら、
> 労働生産性向上の方法も変わり、
> 人材育成のやり方も変えていく必要がある！

　ものづくり企業（特に町工場）の場合はかつて、３Ｋ（きつい・
きたない・危険）のブラック職場のイメージがありましたが、現在
は問題企業などほとんど見当たりません。女性でもハードな職場に
喜んで入社するケースもあります。むしろ、事業計画に未来志向の
人づくりのしくみを積極的に取り入れているかどうかが課題です。

# 6-15

## 未来を創造する事業計画を

### 将来性を担保できる事業計画を策定する

　工場にとって、製品・サービスの将来性を確保することは重要なテーマです。一見困難そうですが、決してハードルの高い目標ではありません。

　たとえば、昔からネジだけをつくっている工場に、将来性は見出せないのでしょうか。ネジが近い将来、世の中から消えてなくなるとは誰も思っていないでしょう。現在でも、さまざまな工夫をこらしたネジが販売されていて、ビジネスとして成立している事例はよく知られています。

　したがって、必ずしも驚かせるほどの製品を出さないといけないわけではありません。ただし、同じようにネジをつくっている工場に見えても、淘汰される企業と淘汰されない企業があります。経営力や研究・工夫の差、体制の差が出ているということです。言い方を変えれば、**将来性を確保するカギがそこにある**ということです。

　われわれコンサルタントが事業計画の作成を支援する場合、工場のものづくりの深さに感心することがしばしばあります。町工場の方がふつうのことのように説明されることにも叡智を感じます。

　そこで事業計画には、**企業内に叡智を産み出す構造（エンジン）を有している**として記述することにしています。これを示すことが、関係者全員が共感できる将来性を担保できる事業計画なのです。

　こういうことが実際に見つかるから、工場の支援は面白いと思います。何も最先端の理論を使って表現することだけが、未来を担保する事業計画ではありません。その構造（エンジン）は、ハード面（設備や建物など）、ソフト面（技術・技能・ノウハウなど）、人材、情報化、実績などで十分に記述できます。

### ◎ものづくり企業における未来を創造する計画とは◎

企業の現実を見ているだけでは、未来は創造できない。将来のためには、ある程度のリスクを取って、技術のタネまきをします。

ちなみに、「ある程度のリスク」というのは投資をすること。お金をかけない未来創造などあり得ません。

### 【技術の種まきのしかた】

これについては、多くの指南書が出回っており、参考にするとよいが、簡単にいうと以下のことがポイントである。

①ビジョンを描き（経営ビジョンと同様）、ほしい技術の全体構造を整理する

②技術のタネについては、アイデアを出してそれぞれ評価を行なう。たとえば、「理論的な裏づけ」「素材の探究」「加工技術の探究」「新型設備・新型機器の探究」などが考えられる

③そして、決断する

●タネをまくだけでなく、育てる力もつけておく必要がある。

●経営体制や研究開発体制、生産体制、人材育成など、企業の工夫・体制の構造づくりも必要。

　一方で、特に工場で弱いと感じる点は**顧客情報の少なさ**です。もともと自社の製品や部品が何に使われているのか知らない企業も多いのですが、納入先の使用部署を知らないとか、納入先の企業方針が調査できていない事例が多くあります。

　こういう情報なしで企業の将来性を描くことはできません。先にも述べたように、日ごろから密なコミュニケーションを心がけないと知ることができない情報です。ハブ＆ノード機能を有することで、未来を創造できる事業展開を記述することができます。

# 6-16

## こんな事業計画に仕上げよう

### 従業員と共有化できる事業計画を

　従業員と共有できる事業計画のポイントについては、前項までで説明してきましたが、まとめると右ページ図のようになります。

　町工場の場合は、事業計画書はほぼ経営計画書と同義なので、1つにまとめておくほうが従業員と共有化しやすいと思います。

　公的機関や金融機関などからは事業計画書のフォーマットが示されているので、そのフォーマットを活用して作成すれば、助成金や有利な融資を受けるときにも、苦労することなく申請書を作成することができるでしょう。事業計画の目的に沿った事業推進のために確認しておく事項は以下のとおりです。

---

①**自社の事業遂行能力**…体制（人材、事務処理能力等）、財務状況を示し、金融機関等からの十分な資金調達が見込めること

②**具体的な市場確認**…ユーザー、マーケットおよび市場規模が明確で、市場ニーズの有無を検証できていること

③**競争優位性**…競合他社・技術動向を把握すること等を通じて市場ニーズに合致していることの検証。価格的・性能的な優位性の確保

④**事業化に至る予算とスケジュール**…遂行方法およびスケジュールは妥当か。補助事業の課題が明確になっているか

⑤**費用対効果**…収益性は検討されているか。特に、スマート化による効果を明記する

⑥**自社の未来に寄与するか**…自社の人材、技術・ノウハウ等の強み、既存事業とのシナジー効果などで自社の未来に寄与

---

## ◎事業計画書を作成するポイント◎

### 【必ず織り込んでおきたい事項】

基本事項…経営理念、ビジョン、経営目標、経営戦略

事業の説明…経営環境・事業環境、強み・弱み、機会・脅威

計画立案の背景…事業の必要性、立案した経緯、市場の状況

計画の具体的内容…WHAT：提供する製品・サービス

HOW：導入する設備・工事内容、人材育成

独自性・優位性…価格設定、機能・性能、競合との比較

実施体制…開始から運営までのスケジュール、予算、役割分担

収益計画…今後３年間の売上・利益と具体的な販売方法

リスク管理…リスクの明確化とその課題・解決法

### 【結局のところ、従業員に共感してもらえるポイントとは】

●現実を認識していながらも「未来に挑戦」しているかどうか

●給料が上がり、働く環境もよくなること

どうやってそれを実現していくかを全員で一緒に考えれば、
道は開け、前進できないわけがない！

　このような事業計画書を、役員や従業員とともに作成して内容を共有しておき、スムーズに実行に移せるようにします。

　ステークホルダー（特に金融機関など資金面での関係者）に説明すれば、事業実施段階でさまざまな支援を受けやすくなります。なかでも高く評価してもらえるのが「スマート化」であることは間違いありません。

　効率的に顧客とのコミュニケーションを強化して、顧客ニーズにスムーズに対応できる現場をつくろうという趣旨に反対する人は誰もいないはずです。

# 顧客が消えたのに生き延びた富士フイルム

　デジタル技術の進歩はすさまじく、大企業でさえ顧客が消える時代に私たちは生きています。

　平成の時代を振り返ると、2000年（平成12年）ごろには、デジタル技術によって日本の2つの市場が衰亡を予想されていました。1つはブラウン管テレビ市場、もう1つがカラーフィルムの写真市場です。

　2004年までのブラウン管テレビの国内市場規模は2億台弱でしたが、地上波デジタル放送開始による液晶テレビ（デジタル技術の塊です）の躍進により、8年後の2012年には約1,000万台と20分の1に縮小しました。

　カラーフィルムは2002年には国内市場は約4億本でしたが、スマホカメラの浸透にともない、10年後の2012年には約2,000万本とこれも20分の1になりました。

　2つの市場とも、10年程度で顧客がほぼ消失したわけです。

　もちろん、家電メーカーや写真フィルムメーカーは傍観していたわけではなく、新市場でも一時はトップシェアを取っていましたが、やがてシェアを落としてしまいました。さらに、顧客の消失を象徴するように、写真業界の巨人であったKODAK社は、収益の柱を見出せずに2012年には民事再生を申請し、市場から退場しました。

　このような状況のなかでも、富士フイルムはチェキをアナログ写真市場に投入し、写真フィルムの要素技術を展開した化粧品や新素材の市場でも新たな顧客を獲得しています。

　これは、自らの技術を軸にして旧来のビジネスモデルを変えることにより、また既存顧客の消失を新たな顧客を獲得することにより乗り越えた成功例として語られています。

　町工場も「顧客が一瞬にして消えたら、何ができるのか？」、日頃から考えておきたいものです。

# おわりに

　2020年から21年にかけてのコロナの嵐は、町工場にも大きな被害をもたらしました。経済というのは、人の動きが止まると、これほど回っていかないものだということを思い知らされる出来事です。今日にも再発する可能性があるため、本当に痛手が消えるまでには数年かかると考えられています。

　しかし歴史的にみたら、幾度となく繰り返し起こっているのが経済危機・自然災害です。こんなに複雑化した社会でも、ピンチをチャンスに変えるヒントは必ずあるということを、コロナ禍でも証明してくれた企業もいっぱいあります。

　そして、あきらめることなく引っ張ってくれるのは人なのです。改めて人材育成の重要性を思いました。

　苦しかった経験をもった人たちが、本書を読んで少しでも意を強くしてもらうことで、町工場は強くなると考えています。人材育成の助けにもなると信じて、他書にはないユニークな観点からわかりやすく説明できたと思っています。お役に立てていただければ、こんなに幸せなことはありません。

　最後に、出版にあたり大いなるご支援をいただいた関係企業の皆さま、執筆の機会をいただき多大なアドバイスをいただいたアニモ出版の小林良彦さま、そして中小企業診断士の仲間の皆さま、製作に携わったスタッフの皆さまに、この場をお借りして感謝申し上げます。

神谷　俊彦

## 【執筆者プロフィール】

**神谷俊彦**（かみや　としひこ）監修および1章、6章を担当
大阪府出身。大阪大学基礎工学部卒業。中小企業診断士、ITコーディネータ、M＆Aシニアエキスパート。富士フイルム（株）にて技術・マーケティング部門で35年勤務後、独立。現在、（一般社団法人）城西コンサルタントグループ（JCG）会長として、会員とともに中小企業支援を行なっている。同時に、経営コンサルタント会社（株）ケービーシーを設立して、代表取締役に就任し、現在に至る。得意分野は、ものづくり支援、海外展開支援、IT化支援。
著書に、『図解でわかるDX いちばん最初に読む本』『図解でわかる品質管理 いちばん最初に読む本』『図解でわかる購買管理 いちばん最初に読む本』『図解でわかる外注管理 いちばん最初に読む本』『図解でわかるIoTビジネス いちばん最初に読む本』『図解でわかるRPA いちばん最初に読む本』『図解でわかるSCM いちばん最初に読む本』『問題解決手法の基本と活用法』『生産管理の実務と問題解決 徹底ガイド』（以上、アニモ出版）がある。

**清水仁司**（しみず　ひとし）　2章、4章を担当
中央大学理工学部物理学科卒業。中小企業診断士、（一般社団法人）城西コンサルタントグループ所属、NEDO事業カタライザー、JBIAインキュベーションマネジャー。古河電気工業（株）にて超電導の研究開発から生産技術、営業技術、事業企画までの製造業における主要な業務に従事。LHC（加速器）やITER（核融合）など大型国際プロジェクト対応を主導した。ポラリス合同会社を設立し、ものづくり企業の経営コンサルティングを主業務として、ベンチャー発掘から事業化への支援にも取り組んでいる。

**片岡英明**（かたおか　ひであき）3章、5章、6章を担当
大阪大学工学部精密工学科卒業、同大学院修了、工学修士。中小企業診断士、（一般社団法人）城西コンサルタントグループ所属。富士フイルム（株）の生産部門で事業戦略・製品開発・生産管理業務の責任者や関係会社の経営管理業務を経て独立。「ものづくり」事業の戦略策定・開発遂行・販促戦略等の支援を中心にコンサルタントとして活動中。
共著書に『生産管理の実務と問題解決 徹底ガイド』（アニモ出版）がある。

**(一般社団法人）城西コンサルタントグループ**（略称：ＪＣＧ）

国家資格の中小企業診断士を中心とした130余名のコンサルタントが所属している経営コンサルタントグループ。2009年に発足し、首都圏を中心に全国のお客様にコンサルタント活動・研修セミナー・各種調査・執筆事業を行なっている。会員による個別企業の経営コンサルティングを行なうのはもちろん、企業が抱えるさまざまな課題（売上・利益改善、事業承継など）に対して、多彩な専門分野をもっている会員たちでベストチームを組んで、的確にかつスピーディな診断や助言を行ない、お客様から高い評価をいただいている。

本　　部：東京都新宿区新宿2丁目5－12
　　　　　FORECAST新宿 AVENUE　6階
ＵＲＬ：https://jcg-net.com/
mail：　info@jcg-net.com

図解でわかるスマート工場のつくり方

2021年12月15日　　初版発行

編著者　神谷俊彦
著　者　清水仁司・片岡英明
発行者　吉溪慎太郎
発行所　株式会社 **アニモ出版**
　　　　〒162-0832 東京都新宿区岩戸町12 レベッカビル
　　　　TEL 03（5206）8505　FAX 03（6265）0130
　　　　http://www.animo-pub.co.jp/

©T.Kamiya 2021　ISBN978-4-89795-256-7
印刷：文昇堂／製本：誠製本　Printed in Japan